한미동맹

한미동맹

이동복 지음

백년동안

차 례

머리말

미국 수도 워싱턴시의 링컨 기념관(Lincoln Memorial) 옆에 위치한 '한국전쟁 기념 조형물'의 키워드는 "자유는 공짜가 아니다(Freedom Is Not Free)."이다. 이 조형물 입구 진입로의 바닥에는 "조국은 그들이 전혀 알지도 못하는 나라와 단 한 번도 만나 본 적 없는 사람들을 지키기 위해서 조국의 부름에 응한 아들딸들에게 경의를 표한다(Our nation honors her sons and daughters who answered the call to defend a country they never knew and a people they never met)."라는 문구가 조각되어 있다. 이 키워드와 문구가 바로 한미동맹의 진수(眞髓)를 웅변해 주고 있다. 한미동맹은 '혈맹'인 것이다.

1950년 6월 25일 북한군의 전면 기습 남침으로 시작되어 1953년

7월 27일 정전협정의 발효로 포화를 '정화(停火)'한 6.25전쟁에는 침략당한 당사국인 한국군 외에도 미국을 비롯한 16개 유엔 회원국의 군인들이 대한민국 편에서 참전했다. 1953년 7월 27일 정전협정 발효 시점에 6.25전쟁에 참전하고 있었던 유엔군의 총수는 94만 3,962명으로 그 가운데 62.6퍼센트인 59만 911명이 한국군, 32퍼센트인 30만 2,483명이 미군이었다. 한미 양국군이 전체 유엔군의 94.6퍼센트였던 것이다. 6.25전쟁 전 기간을 통해 전쟁에 참전했던 총 미군 수는 연 572만 명[1]으로 전쟁 기간 중에 발생한 미군 전사자는 3만 6,000명, 부상자는 10만 5,000명, 그리고 한국군 전사자는 41만 5,000명, 부상자는 42만 9,000명으로 집계되었다.[2]

6.25전쟁 기간 중의 한미관계는 아직도 '동맹'의 관계가 아니었다. 한미관계는 1954년 11월 18일 **한미상호방위조약**이 발효됨으로써 비로소 '동맹'관계로 격상되었다. 한미 간에는 6.25전쟁이 '정전'이라는 형태로 끝난 뒤에야 비로소 '조약'에 의한 동맹관계가 성립된 것이다. 그나마도 당초 **한미상호방위조약** 체결은 1951년 유엔군과 공산군 간에 휴전협상이 개시된 후 일관되게 휴전회담에 반대했던 대한민국의 이승만 대통령을 무마시키기 위하여 미국이 마지못해 제시한 양보의 하나였다. 그렇기 때문에 **한미상호방위조약**에 의거한 한미동맹은 당초에는 그 목적이 "북한으로부터의 새로운 침략"의

경우에 한하여 발동될 수 있는 '전수방어(專守防禦)' 동맹이었다. 게다가 이 조약에는 "유사시 미군의 자동 참전"이라는 눈동자 조항이 누락되어 있다.

이 때문에 한미동맹의 초창기 대한민국의 대미동맹 외교는 **'한미상호방위조약'**의 이 같은 허점을 보완하는 데 집중될 수밖에 없었다. 주한미군의 계속 주둔과 주한미군의 '인계철선(引繼鐵線, Tripwire)' 대비는 이 같은 노력의 결실이었고 이같이 보강된 **'한미상호방위조약'**에 기초한 한미동맹의 존재는 1953년 휴전 이후 한반도에서 전쟁 재발을 성공적으로 억지해 왔을 뿐만 아니라 기술적으로는 아직도 '전쟁상태'가 지속되고 있는 '분단국'인 대한민국의 '컨추리리스크 (Country Risk, 국가위험도)' 문제를 해결해 줌으로써 대한민국의 신화적인 경제도약을 가능하게 해 준 결정적 담보물이 되었다.

한미동맹은 이제 60주년을 막 넘겼다. 그동안 동맹은 많은 풍파를 헤치고 오늘에 이르렀다. 60년의 세월이 흐르는 동안 국제정세와 한반도 안보상황에는 많은 변화가 진행되었다. 구소련의 해체와 동유럽 공산권의 붕괴 및 중국의 개혁 · 개방을 통해 초래된 동서냉전 체제의 해체로 세계질서는 양극화의 시대가 끝나고 다극화(多極化)의 시대로 접어들었다. 유럽에서 동서독의 경우와 마찬가지로 한반도의 남북한 간의 체제경쟁에서도 남의 자유민주주의와 자본주의 시장경제는 북의 공산주의 독재와 사회주의 계획경제를 압도하는 승자(勝者)로 부상했고 이에 저항하는 북한은 핵무기와 미사일 개발로 국제사회와의 갈등구조를 유지하면서 한반도 긴장의 수위를 계속 고조시키고 있다.

한미동맹은 이 같은 변화에 대한 적응을 계속해 왔다. 한미동맹은 한국군의 월남전 파병을 전환점으로 하여 그전의 '시혜자(施惠者)'와 '수혜자(受惠者)' 사이의 일방통행식 불평등관계보다 더 대등한 파트너 사이의 관계로 변신을 계속해 왔다. 한미동맹 구조조정의 첫 단추는 '한미연합작전 체제'의 가동이었다. 한미동맹에는 어두운 시기도 있었다. 1998년부터 10년간 계속된 대한민국에서의 '좌파' 정부 실험은 한미동맹의 결정적 위기를 초래했다. 노무현 대통령(당시)의 한국군 전시작전통제권 환수파동은 위기의 절정이었다. 이 같은 한미동맹의 위기는 2008년 이명박(李明博) 정부의 탄생으로 수습되기 시작했다. 한미 양국은 2009년 이명박 대통령과 버락 오바마(Barack Obama) 대통령 사이의 정상회담, 2013년 박근혜 대통령과 오바마 대통령 사이의 정상회담을 통해 '한미동맹을 위한 미래비전'과 '한미동맹 60주년 기념 공동선언'을 각기 채택·발표함으로써 구조조정을 통하여 새로이 출발하는 한미동맹의 미래상 청사진을 그려 냈다.

한미 양국은 지금 구조조정을 통한 한미동맹의 변신을 진행시키고 있는 중이다. 한미 양국은 2009년의 '미래비전'과 2013년의 '공동 선언'을 통하여 더 이상 1954년의 **한미상호방위조약**에 의거하여 오직 북한의 침략에 대처하는 데 국한된 전수방어의 수세적·방어적 동맹에 머물지 않을 것임을 분명히 했다. 향후의 한미동맹은 "공동의 가치와 상호 신뢰에 기반한 양자, 지역 및 범세계적 차원의 미래 지향형 포괄적 전략동맹"으로 전환될 것이라고 선언함으로써 전반적인 국제적 현안에 폭넓게 공동 대처하는 '글로벌 파트너십'으로의 발전적 변신을 지향해 나갈 것을 예고하고 있다.

한미 양국은 향후의 한미동맹이 '한반도 방위'에 관해서는 '한국군이 주도'하는 가운데 미국이 '재래식 및 핵전력을 포함한 확장된 억지력을 포함한 한반도 내외의 모든 가용한 군사자산을 동원하여 지원'하는 내용으로 구조를 전환시킬 것을 다짐하고 있다. 단순한 침략에 대한 방어에 그치는 것이 아니라 "한반도의 항구적 평화와 안정을 구축하는 한편 비핵화, 민주주의와 자유시장경제 원칙에 입각한 평화통일을 이룩하기 위해 노력"할 것이라고 선언함으로써 대한민국이 주도하는 자유민주 통일을 견인하는 쪽으로 보다 공세적으로 운영될 것임을 예고한 것이다.

이제 한미동맹이 미래형 동맹으로 거듭나기 시작하는 시점에서 이 책은 체험이 아니라 전문(傳聞)을 통하여 역사를 인식해야 하는 젊은 세대들에게 한미 양국이 함께 피 흘려 이룩한 한미동맹의 어제와 오늘을 있는 그대로 전달하고 희망적 미래를 조망해 보려는 생각으로 꾸며진 것이다. 독자들이 이 책을 읽음으로써 한미동맹의 특수성을 이해하는 데 도움이 되기를 간절히 소망한다.

2015년 4월 이동복

1부

한미관계의
기원과 전개

1장
미국은 어떤 나라인가

통상 미국이라고 호칭되는 '미합중국(United States of America, U.S.A.)'은 북아메리카 대륙의 40퍼센트에 해당하는 985만 제곱킬로미터의 면적과 56퍼센트에 해당하는 3억 1,900만 명[3]의 인구를 차지하여 면적과 인구 모두 세계 가운데서 3위를 차지하는 대국이다. 미국은 50개의 주(States)와 1개의 '연방직할구역(Washington, District of Columbia)'으로 구성되어 있는 연방공화국이다. 이들 50개의 주 가운데 48개는 북의 캐나다와 남의 멕시코 사이에 분포되어 있고 나머지 2개의 주중 알래스카는 북아메리카 대륙의 서북단에 위치하여 베링해를 사이에 두고 아시아 대륙의 동단과 접해 있으며 하와이는 태평양 한가운데에 위치한 도서군(島嶼群)으로 이루어져 있다.

아메리칸인디언, 한국인과 몽골 반점 공유

미국을 포함하여 북아메리카 대륙에 최초로 거주하기 시작한 사람들은 지금으로부터 1만 5,000년 전 또는 그전에 아시아 지역과 북아메리카 대륙을 육지로 연결했던 베링 연륙교를 통하여 아시아 지역으로부터 이주한 고대(古代) 몽골족인 흉노(匈奴, Huns)족들이었던 것으로 추정된다. 이들 북아메리카 원주민들의 후예인 아메리칸인디언들은 지금도 한국인들과 '몽골 반점(Mongolian Blues)'을 공유한다. 그러나 오늘날 미국을 포함한 북아메리카 지역 주민의 대다수는 16세기부터 미국으로의 이주를 시작한 유럽 여러 나라 사람들과 그들에 이어서 전 세계 여러 나라들로부터 이주한 이주민들의 후손들이다. 1900년까지만 해도 7,600만 명에 불과했던 미국의 인구는 해외로부터 쏟아져 들어온 이민의 결과 그로부터 100여 년 사이에 4배로 늘어났다.

2010년 현재 미국의 인구에서 원주민인 아메리칸인디언과 에스키모(Eskimo)의 총수는 불과 520만 명으로 전체 인구의 1.6퍼센트에 불과하다. 미국 인구 가운데 출신 지역별로 100만 명 이상이 되는 인종 집단이 31개에 달하는 것으로 집계되었다.[4] 그 가운데 최대의 인종 집단은 독일계 미국인으로 규모가 5,000만 명 이상이며 뒤이어 아일랜드계(약 3,500만 명), 멕시코계(약 3,100만 명), 영국계(2,800만 명)가 있다.[5] 통틀어 아프리카 출신 흑인 집단은 미국 최대의 인종 집단 중 하나로 인종 집단 순위에서 3위이며 그 다음으로 큰 인종 집단은 아시아 출신으로 국가별로는 중국계와 필리핀계 및 인도계가 그 뒤를 잇는다.

북아메리카 대륙에서의 정치적 여명(黎明)은 유럽 이주민들에 의한 '식민지' 건설로 시작되었다. 16세기 '메이플라워호(The Mayflower)'를 타고 영국으로부터 미국 동부 해안에 도착한 100여 명의 청교도(Puritans)들과 그들을 뒤따른 영국 이주민들이 건설한 13개의 '식민지'는 북아메리카 대륙 남동부와 플로리다 지역으로 확장되었다. 같은 동부 해안지역과 지금의 캐나다 및 남부 미시시피강 유역에서는 프랑스 이주민들에 의한 '식민지' 개척이 동시에 진행되었고 이어서 네덜란드와 스페인 사람들의 이주가 잇달았다.

미국의 독립: 연합에서 연방으로

이주 초기 영국과 프랑스 및 스페인 출신 이주민들 사이에 끊임없는 영토 쟁탈전이 전개된 끝에 캐나다와 미국 및 멕시코가 북아메리카 대륙을 3분하는 오늘날의 국경선이 순차적으로 형성되었다. 이러는 가운데 영국과 북아메리카의 영국계 '식민지'들 사이에 '조세(租稅)' 징수를 둘러싸고 분규가 발생하여 13개의 '식민주'들과 영국 사이의 '독립전쟁'이 발발한 끝에 1776년 7월 2일 미국의 '독립'이 선포되었다. 미국과 영국 사이의 독립전쟁은 1783년까지 지속된 끝에 1783년 9월 3일자 미국과 영국 간에 평화협정이 체결되면서 미국의 독립이 국제적으로 공인되었다. 초기의 미국은 13개 주 사이의 느슨한 '국가연합(Confederation)'의 형태를 취했으나 1788년 6월 21일 헌법 제정을 통하여 오늘날과 같이 '연방정부'와 '주정부'로 이루어지는 강력한 중앙집권적인 '연방제(Federation)' 국가가 탄생하기에 이르렀다.

1777년 13개의 '주' 사이에 체결된 '국가연합조약(Articles of Confederation)'을 통하여 탄생했던 느슨한 형태의 '국가연합'이 1788년 '미합중국 헌법'의 제정과 다음해인 1789년 조지 워싱턴(George Washington) 초대 대통령 취임을 통하여 강력한 '연방국가'로 탈바꿈한 것이다.

13개의 '주'로 출발했던 미국의 국토는 시간의 경과와 더불어 확장을 거듭했다. 미국은 북아메리카 도처의 아메리칸인디언들을 무력으로 정복하여 그들을 지정된 '거주구역(Reservation)'으로 몰아넣는 서부 개척(Westward Expansion)을 지속적으로 추진했고,[6] 1803년 '루이

지애나 매수(Louisiana Purchase)'를 통해 미국 동남부의 프랑스령 토지를 매입하여 국토를 배가시켰다.[7] 미국은 스페인과의 전쟁을 통해 1819년 멕시코만 연안의 영토를 차지했고,[8] 1845년에는 멕시코와의 전쟁을 통하여 텍사스주를 병합했으며,[9] 1846년에는 영국과의 '오리건 조약(Oregon Treaty)'를 통하여 오늘날 미국의 동북부 지방을 인수했고,[10] 1848년에는 멕시코와의 전쟁을 통하여 캘리포니아주를 장악함으로써[11] 오늘날의 미국 국토를 완성하기에 이르렀다. 그리고 미국은 1867년 제정 러시아로부터 알래스카를 120만 달러(당시 화폐)에 사들였다.

그리고 점차 19세기에 접어들면서 산업화가 급속도로 추진된 북부와 농업사회에 머무르고 있던 남부 사이에 노예제도를 둘러싸고 갈등이 조성되었다. 결국 1860년부터 1865년까지 5년간에 걸친 '남북전쟁(Civil War)'이 촉발되어 63만여 명의 인명 피해를 초래한 끝에 에이브러햄 링컨(Abraham Lincoln) 대통령(제16대, 1861~1865)이 이끄는 북부가 남부를 패퇴시킴으로써 국가분단의 위기를 모면했다. 링컨은 1863년 1월 1일자 '노예해방 선언(Emancipation Proclamation)'으로 미국에서의 '노예제도'를 공식적으로 폐지하여 흑인들에게 '시민권'을 부여하고 '투표권' 부여를 약속했다. 그러나 남북전쟁 종결 후 패자(敗者) 쪽인 남부 11개 주에서 이른바 '재건기간(Reconstruction Era)'이 진행되는 동안 흑인들과 빈곤한 백인들이 투표권을 박탈당하는 등 모든 생활 영역에서 차별대우가 기승을 부리는 기간이 거의 100년 가까이 지속되었다. 어떤 역사학자들은 이 100년 동안의 미국 역사를 '도금(鍍金)된 시대(America in Gilded Age)'라고 일컫기도 했다.

먼로주의와 미국의 고립외교

신생국가인 미국은 1914년 유럽에서 제1차 세계대전이 발발할 때까지는 고립주의를 고수하는 국제외교의 변방국가였다. 건국 초기부터 1914년 4월 6일 제1차 세계대전에 참전하기까지의 미국의 대외정책은 1) 아메리카 대륙에 대한 유럽 제국의 식민지 건설 거부와 2) 유럽에서 일어나는 전쟁에 대한 미국의 중립과 불개입을 선언한 '먼로주의(Monro Doctrine)'를 고수하는 것이었다. '먼로주의'는 제임스 먼로(James Monroe) 대통령(제5대, 1817~1825)에 의하여 1823년 12월 2일 선포되었다.[12] 미국은 제1차 세계대전 기간 중에도 먼로주의에 입각하여 중립을 견지하다가 미국의 비무장 상선들마저 공해(公海) 상에서 공격한 독일제국 해군의 무제한 잠수함전에 반발하여 1917년부터 전쟁에 참전했다. 미국은 풍요로운 자원의 전력화를 통하여

1918년 독일제국의 패망을 초래하는 데 결정적인 기여를 했다.

이 같은 미국의 역할에 고무된 우드로 윌슨(Woodrow Wilson) 대통령(제28대, 1913~1921)은 1919년 제1차 세계대전 종결에 즈음하여 '국제평화를 위한 14개 항목 선언(Woodrow Wilson's Fourteen Points)'을 공표하여 새로운 국제평화를 구축하는 노력을 주도할 미국의 의지를 표명하고 이어서 '국제연맹(League of Nations)'의 창설과 '베르사유 조약(Treaty of Versailles)' 체결을 주도했지만 '먼로주의' 고수에 집착한 미국 상원이 베르사유 조약 비준을 거부함으로써 미국은 다시 고립주의로 복귀해야만 했다.[13]

1939년 나치 독일의 폴란드 침공으로 유럽에서 촉발된 제2차 세계대전은 이 같은 상황에 일대 전환을 초래했다. 제2차 세계대전 초기 미국은 역시 먼로주의에 입각하여 전쟁에 직접적 참여는 기피하고 '전시무기 임대협정(Lend-Lease Agreement)'에 의거하여 전쟁물자를 유럽의 연합국에 제공하는 데 그쳤다. 그러나 이 같은 상황은 아돌프 히틀러(Adolf Hitler)의 나치 독일 및 무솔리니(Benito Mussolini)의 파시스트 이탈리아와 추축동맹(樞軸同盟, Axis)을 맺은 일본제국의 해군이 1941년 12월 7일 하와이 진주만(Pearl Harbor)의 미 태평양함대를 기습 공격하는 사건이 발생한 것을 계기로 급변하게 되었다. 미국은 즉각 일본에 대해 선전포고하여 태평양 상에서 미군과 일본군 간에

전쟁이 발발했으며 이를 계기로 미국은 1942년부터 유럽 전선에
도 군대를 참전시킴으로써 그후 제2차 세계대전 수행의 주역이 되
었다.

미국,
제2차 세계대전 참전으로 국제외교 주역으로 등장

특히 유럽에서의 경우 전쟁 양상은 단시간 내에 미국의 막강한 군수
조달 능력과 육·해·공군의 화력이 전쟁의 향배를 결정하는 결정적
요인으로 부상하게 되었다. 이에 따라 국제외교의 판도는 급속도로
미국 주도로 재편되기 시작했다. 미국의 프랭클린 루스벨트(Franklin
D. Roosevelt) 대통령(제32대, 1933~1945)은 1941년 8월 14일 영국의 처
칠(Winston Churchill) 수상과 '대서양 헌장(Atlantic Charter)'에 합의하여
이를 발표하고,[14] 이어서 1942년 1월 1일에는 29개국이 참가한 '국제
연합 선언(Declaration by United Nations)'[15] 발표를 주도함으로써 1945년 제
2차 세계대전 종결과 더불어 막을 올린 '국제연합(United Nations, UN)'
시대 최대 주주(株主)로서의 위상을 자리매김하게 되었다.

　미국은 1945년 창설된 국제연합과 국제통화기금(International

Monetary Fund, IMF)의 운영을 주도함으로써 동서냉전 체제의 다른 한 축으로 등장한 구소련과 함께 국제외교의 양대 주역으로 화려하게 데뷔했다. 그러나 이 같은 외형적 팽창에도 불구하고, 오래된 먼로주의의 여파로 내면적으로는 미숙아의 경지를 탈피하지 못한 미국의 외교는 상당 기간 많은 시행착오를 경험해야만 했다. 미국은 유물사관에 토대를 둔 마르크스-레닌주의를 표방하는 공산주의 이데올로기에 대해 비현실적인 이상론으로 대응했고, 결국 전후 동서냉전 대결을 허용했다. 이로써 세계 인류의 절반이 공산주의 독재라는 미증유(未曾有)의 재난을 겪게 하는 역사적 과오를 저질렀고 세계는 도처에서 아직도 그 여파에 시달리고 있다.

팍스아메리카나, 전후 동서냉전 허용으로 인류 재난 초래

1945년 제2차 세계대전 종결 이후 70년이 경과한 지금도 미국은 여전히 '팍스아메리카나(Pax Americana, 미국 주도의 평화 체제)'를 구가하는 세계 유일의 초강대국이다. 제2차 세계대전 종결 이후 세계를 양분했던 동서냉전 체제는 1991년 소련의 붕괴로 무너지고 그 이후의 세계에서는 미국만 초강대국으로 군림하여 오늘에 이르고 있다. 미국은 비록 면적과 인구에서는 세계 제3위의 국가이지만 경제와 군사에서는 세계 어느 나라의 도전도 허용하지 않는 독주를 계속하고 있으며 정치적 자유민주주의와 자본주의 시장경제의 확고한 버팀목의 존재를 확고하게 유지하고 있다.

1960년대에 점화된 비폭력 흑백 인종통합운동의 결실로 1964년 '인권법(Civil Rights Act)'이 제정되는 등 의회가 적극적인 입법활동을 펼치고 법원에서도 차별에 반대하는 판결을 내리는 등으로 미국은 그동안 인종차별에 종지부를 찍었다. 그리고 자유민주주의와 자본주의 시장경제를 두 바퀴로 하는 이른바 '미국식 민주주의'는 개화(開花) 시기를 맞이했다.

그러나 이 같은 '미국식 민주주의'는 특히 1960년대와 1970년대의 베트남전쟁이 촉발한 반전운동과 흑인해방운동 및 성차별 철폐운동 등의 '저항문화(Counterculture)'를 통하여 새로운 진통에 시달리고 있다.

한편 미국의 경제는 특히 1980년대 로널드 레이건(Ronald Reagan) 대통령(제40대, 1981~1989)에 의한 '레이거노믹스(Reganomics)'로 알려진 공급자 중심(Supplyside) '자유시장경제' 정책의 적극적인 추진으로 새로운 중흥기(中興期)를 맞이했다. 2014년도 IMF의 자료에 의하면 미국의 국민총생산(GDP)은 16조 8,000억 달러로 이를 세계총생산액에 비교하면 시장 환율에 의거할 때는 24퍼센트, 구매력지수에 의거할 때는 19퍼센트에 해당한다.[16] 이 같은 2014년도 미국의 국민총생산액은 구매력지수에 의거할 때 미국보다 인구가 62퍼센트 더 많은 유럽연합(EU)의 국민총생산액을 5퍼센트 초과하는 것이다.[17]

군사력에서의 미국의 독주는 더 인상적이다. 2011 회계연도의 미국 국방예산은 7,000억 달러 이상이다. 전 세계 14개 차상위(次上位) 국방비 지출국들의 총액과 맞먹는 것으로 전 세계 국방비의 41퍼센트에 해당하는 것이었다.[18] 미국의 2011 회계연도 GDP의 국방비 점유율은 4.7퍼센트로 이 비율은 세계에서 사우디아라비아 다음의 2위였다.[19] 미국의 국방비 지출은 냉전 시기 GDP 대비 14.2퍼센트 (1953), 연방정부 예산 대비 69.2퍼센트(1954)로 정점을 찍었으며 그 뒤로는 계속 줄어들어 2011년에는 GDP 대비 4.7퍼센트, 연방정부 예산 대비 18.8퍼센트로 축소되었다.[20]

미국은 143만 명의 상비군과 85만 명의 예비군 병력을 유지하는 가운데 공군은 스텔스폭격기를 포함하여 1만 5,000여대의 항공기를, 그리고 해군은 10대의 초대형 핵추진 항공모함을 포함하여 1,000척 이상의 함정을 운용하고 있다. 미국은 미국 본토 외에 우즈베키스탄, 타지키스탄, 키르기스스탄, 그루지아 등 구소련 연방국

〈표 1〉 미국의 군사력 2015년 2월 17일 현재

항 목		수 량
인적자원	총인구	3억 1,666만 8,567명
	가용 인력	1억 4,521만 2,012명
	복무 가능 인력	1억 2,002만 2,084명
	연간 적령 도달 인력	421만 7,412명
	현역 인력	143만 명
	예비역 인력	110만 명
지상군	탱크	8,848대
	장갑차	4만 1,062대
	자주포	1,934대
	견인포	1,299대
	다연장포	1,331대
공군	총 항공기 대수	1만 3,892대
	전투기/요격기	2,207대
	고정익 공격기	2,797대
	수송기	5,366대
	훈련기	2,809대
	헬리콥터	6,196대
	공격용 헬리콥터	920대
해군	총 함정 척수	473척
	항공모함	20척
	호위함(프리깃함)	10척
	구축함	62척
	소형 호위함(콜벳함)	0척
	잠수함	72척
	연안 경비정	13척
	소해정	11척
예산	국방예산	5,771억 달러
	대외부채	15조 6800억 달러
	외환 및 금 보유고	1,502억 달러

※출처　United States of America Military Strength(http://www.globalfirepower.com/countrymilitary
　　　　–strengthdetail.asp?country_id=UnitedStatesofAmerica)

가를 포함하여 전 세계 150개국에 25만 명의 미군을 주둔시키고 있다.

미군은 전 세계 190여개국 가운데 유일하게 우주공간을 포함하여 공중, 지상, 해상의 지구 전역을 작전권역화하고 있으며 유럽에서의 NATO(북대서양조약기구) 및 남태평양 지역에서의 ANZUS(오스트레일리아-뉴질랜드-미국 조약기구) 등 다자간 조약기구를 주도하면서 아프가니스탄, 아르헨티나, 오스트레일리아, 바레인, 이집트, 이스라엘, 일본, 요르단, 쿠웨이트, 모로코, 뉴질랜드, 파키스탄, 필리핀, 타일랜드 및 대한민국 등 여러 나라와 쌍무적 상호방위조약을 체결하여 세계 평화유지의 '큰손' 역할을 감당하고 있다.

2장
한미관계의 어제

오늘날 대부분의 한국인들은 한미관계를 대한민국과 미국과의 관계의 차원에서 인식하고 이해한다. 그러나 그것은 사실이 아니다. 대한민국의 건국 연도가 1948년이기 때문이다. 정확하게 말한다면 한미관계는 대한민국의 건국 때부터 비로소 비롯된 것이 아니다. 한반도와 미국과의 관계는 더 멀리는 1941년 12월 7일 일본 해군에 의한 진주만 기습으로 촉발된 미국과 일본 사이의 태평양전쟁의 전후처리과정에서 형성되었고 그보다 더 멀리는 19세기 말 서세동점(西勢東漸) 시기에 중국과 한반도 등 아시아 지역이 서양 제국주의 세력에 의한 약육강식의 무대가 되었을 때부터 형성되기 시작했다. 그리고 역사의 수레바퀴를 더 거슬러 올라가면 비록 간접적이기는 하지만 미국과 한국 사이의 관계가 그보다도 더 멀리 1730년대에 인삼교역을 둘러싸고 형성되었다는 사실을 이해하는 사람은 거의 없다.[21]

인삼을 매개체로 이루어진 한반도와 미국의 최초 접촉

아직 미국이 독립하기도 전이었지만 미국인들은 북아메리카산 인삼을 가지고 번창하고 있는 중국의 인삼시장에 뛰어들었던 것으로 기록되어 있다. 당시 중국시장에서 최상급의 인삼은 조선의 개성(開城) 인삼이었고 조선의 조정은 오랫동안 중국의 인삼시장을 독점했다. '조선 인삼'의 주종(主宗)은 산삼이었지만 조선인들은 인공적으로 재배한 인삼을 곁들여서 중국시장을 장기간 석권했다. 그러나 수요의 과잉으로 중국시장에서 조선 인삼의 공급이 차질을 보이자 북아메리카 대륙의 공급업자들이 북아메리카산 인삼을 대신 공급하기 시작하여 1860년에는 120톤 이상의 북아메리카산 건삼이 중국시장에 공급되기에 이르렀다. 미국의 서부 개척 시기 미국인들의 우상이 된 대니얼 분(Daniel Boone)이 모피(毛皮) 취급으로 돈을 모았다고 일반에 알려진 것과는 달리 대중(對中) 인삼 수출로 거금(巨金)을 모았다는

사실을 아는 사람이 많지 않다.[22]

중국시장에서의 급증하는 북아메리카로부터의 인삼 수입은 한때 조선의 대중(對中) 인삼 수출을 감소시켜 거의 1,000년 동안 지속되었던 조선에 의한 중국 인삼시장 독점 시대를 끝장냈다. 하지만 얼마 안 가서 북아메리카의 자연산 인삼 생산이 급격하게 감소되는 역현상이 초래되었다. 이렇게 되자 미국의 인삼업자들은 1860년대 중반 조선으로부터 몇 명의 인삼 재배업자들을 미국으로 밀입국시켜서 그들로부터 인삼 인공재배에 관한 기술을 전수받았다. 기록에 의하면 이들 조선에서 밀입국한 인삼 재배업자들이 북아메리카 대륙에 발을 내디딘 첫 한국인이었다.

셔먼호 사건이 불러온 신미양요와 한미 제물포조약

이렇듯 인삼교역을 통하여 한미 양국은 제한된 범위에서나마 처음으로 각자의 존재를 인식하게 되었다 한국과 프랑스 등 유럽의 몇 나라들 사이에서는 주로 천주교의 포교와 이에 대한 단속을 통하여 피를 흘리는 갈등관계가 형성되고 있었다. 그럼에도 불구하고 한국과 미국은 1866년 평안감사 박규수(朴珪壽)가 이끄는 조선군이 공격해 대동강에서 미국 무장상선 '제너럴셔먼호(The General Sherman)'가 불타 침몰하는 사고[23]가 발생할 때까지는 아무런 관계도 존재하지 않았다. 셔먼호 사건에 앞서 1853년과 1855년 및 1856년에 미국 선박이 한반도 해안에서 정박하거나 난파한 사건이 있었지만,[24] 홍선 대원군 이하응의 주도로 엄격한 쇄국정책을 시행하던 조선 조정은 다른 모든 유럽국가와 마찬가지로 미국에 대해서도 단호하게 빗장을 걸어 잠그고 있었다.

서먼호 사건은 한미 간에 전화(戰禍)를 불러일으켰다. 존 로저스(John Rodgers) 제독이 이끄는 미국의 아시아함대가 1871년 6월 10일 강화도의 초지진을 강습한 것이다. 신미양요였다.[25] 1876년 일본과의 '제물포조약' 체결로 '쇄국'에서 '불평등 개방(開放)'으로 전환한 조선 조정은 신미양요 후 1882년 미국과 역시 '제물포조약'을 체결하여 국교를 수립하기에 이르렀다.[26] 한미 수교 이후 미국에서는 주로 선교사와 의사 및 교육가들과 사업가들이 한국을 찾아와서 한국의 개화(開化)를 도왔다.[27]

민비시해 진상 밝힌 미국 군사교관 다이

19세기 조선은 중국의 청 제국과 제정 러시아 및 일본 등 주변 열강이 먹이를 놓고 다투는 각축장이었다. 미국은 이들 열강 중에서 가장 늦게 등장한 지각생이었으나 조선 왕조 제26대인 고종(高宗, 1863~1907 재위)은 "미국은 지구상에서 영토적 욕심이 없는 유일한 나라"라는 미국 선교사들의 감언을 곧이들었다. 고종은 1883년 미국의 체스터 아더(Chester Arthur) 대통령(제21대, 1881~1885)에게 조선의 안보를 위해 "군사고문관을 파견해 줄 것"을 요청하는 친서를 보냈다.[28] 미국으로 부임하는 민영익(閔泳翊) 초대 주미공사 편이었다. 이 무렵 미국의 대아시아 외교정책은 일본과의 우호관계에 몰두하고 있었기 때문에 고종의 친서는 워싱턴에서 6년 동안 사장된 채 방치되었다. 그러나 문제의 친서는 1889년 당시 미군 총사령관이었던 필립 셰리든(Philip Sheridan) 장군이 그의 웨스트포인트(West Point) 육군사관학교 동기생 윌리엄 다이(William McEntyre Dye) 예비역 소령의 직업 알선 노력의 일환으로 그를 '군사교관'으로 조선에 파견하는 일이 일어나게 하는 부싯돌이 되었다.[29]

이때 조선군의 훈련은 이미 일본군의 호리모토(堀本禮造) 공병소위에게 맡겨진 뒤였기 때문에 다이에게는 유명무실한 궁중수비대를 훈련시키는 일이 맡겨졌다. 그러나 다이는 1895년 10월 8일 경복궁에 난입한 일본군과 낭인들이 고종의 왕후 민비를 시해하는 현장을 목격했다. 그래서 이튿날 이 사건을 "조선군 불순분자들이 일으킨 사건"으로 조작하려는 일본공사 미우라(三浦梧樓)의 흉계를 파탄시키는 데 결정적인 기여를 했다. 이를 고맙게 여긴 고종에 의하여 다이는 1899년까지 조선 조정의 참판(參判)으로 기용되는 일화(逸話)의 주인공이 되었다.[30]

친일 선택한 미국, 한국에는 비우호적 입장 견지

그러나 미국 정부는 시종일관 친일적 입장을 견지하다가 1904년 러일전쟁에서 일본이 승리한 직후인 1905년 7월 27일, 윌리엄 태프트 (William Howard Taft) 미 국무장관과 가쓰라(桂太郎) 일본 총리가 소위 '태프트-가쓰라 비밀협약'을 체결했다. 그 내용은 1898년에 있었던 스페인과의 전쟁에서 미국이 승리한 결과로 필리핀을 점령한 사실을 수용하는 대신 조선반도를 식민지화하겠다는 일본의 계획을 미국이 승인하는 내용이었다. 이를 통해 일본은 1905년 조선 조정을 무력으로 압박하여 을사보호조약을 체결했다. 강제적인 조선합병

을 미국이 사전에 승인한 결과가 된 것이다.[31]

태프트-가쓰라 밀약 성립을 알지 못한 고종은 그의 미국인 고문이 었던 호머 헐버트(Homer Hulbert)를 워싱턴에 보내 루스벨트 대통령 에게 1882년에 체결된 '한미 제물포조약'에 의거한 안보지원을 요청했다. 하지만 루스벨트 대통령은 헐버트를 만나는 것을 거부하고 "미국은 조선을 위하여 일본을 적대시할 수 없다."는 말로 고종의 원조 요청을 일축했다.[32] 이 같이 일본과의 관계에 편중된 한반도 문제에 관한 미국의 외교정책 기조는 1941년 12월 7일 일본군에 의한 진주만 기습이 이루어질 때까지 변함없이 지속되었다.

1919년 3월 1일을 기점으로 한반도 전역에서 불붙은 '기미(己未) 독립만세운동'은 1918년 1월 8일 발표된 윌슨 미국 대통령의 '14개 항목'에 포함된 '민족자결원칙'에 의하여 촉발된 것이었다. 그러나 미국은 한반도에서 '민족자결원칙'에 입각하여 일어난 대중적 독립 운동인 3·1만세운동에 대해서는 냉담했다.[33]

이승만(李承晩)은 당시 1919년의 3·1독립만세운동에 이어서 워싱 턴에서 상하이 대한민국 임시정부 구미위원부(歐美委員部)를 이끌고 항일독립운동을 전개하고 있었다. 이승만은 그가 1910년 프린스턴 대학에서 「미국의 영향을 받은 영세중립론」이라는 제목의 논문으 로 철학박사학위를 받을 때 윌슨 대통령이 대학 총장이었던 것을 인

연으로 윌슨 대통령과의 면담을 끈질기게 요구했지만 윌슨은 끝내 이승만을 만나 주지 않았다.[34]

미국의 한국에 대한 비우호적인 태도는 1941년 일본과의 전쟁이 개시된 후에도 바뀌지 않았다. 루스벨트 대통령이 이끄는 민주당 정권이 좌경화되어 대외정책의 주관부처인 국무성이 앨저 히스(Alger Hiss)를 비롯한 친공(親共)·친소(親蘇) 인맥에 의하여 장악되었기 때문이었다. 이 때문에 1943년 11월의 카이로(Cairo) 회담에서 연합국 정상들이 한반도 문제에 관하여 "적정한 시기에 독립시킨다."는 원칙적 합의를 이룬[35] 뒤에도 같은 달의 테헤란(Teheran) 회담, 1945년 2월의 얄타(Yalta) 회담 및 1945년 7월의 포츠담(Potsdam) 회담 등 후속 정상회담에서 미국의 루스벨트 대통령은 일관되게 한국의 '즉시 독립'에 제동을 걸고 "일정 기간 신탁통치 후 독립"을 거듭 주장했다. 오히려 구소련의 스탈린(Joseph V. Stalin)이 '즉시 독립'을 주장하는 역사의 아이러니가 펼쳐지기도 했다.[36]

트루먼, 38선으로
한반도의 절반을 공산주의 마수에서 구출

1945년 4월 루스벨트 대통령의 병사로 해리 트루먼(Harry S. Truman) 부통령이 대통령(제33대, 1945~1953)직을 승계했다. 이에 따라 미국의 친소적인 대외정책 기조에 큰 변화가 일어나기 시작했다. 트루먼은 루스벨트와 달리 소련 공산주의 정권에 대하여 부정적인 견해를 가지고 있었다. 그럼에도 불구하고 트루먼이 루스벨트로부터 물려받은 미국의 행정부는 여전히 친소적인 정책을 견지하여 제2차 세계대전 전후처리를 크게 왜곡시키는 결과를 초래했다.

그 대표적인 경우가 한반도 문제였다. 한반도에 관해서는 '전후처리'의 차원에서 "적정한 시기에 독립시킨다."는 1943년 카이로 선언의 구체적 실천방안이 마련되지 않은 상태에서 1945년 8월 15일 일본의 무조건 항복이 이루어지게 되었다.[37] 미국이 1945년 8월 6일 히로시마에 이어 9일 나가사키에 연달아 원자폭탄을 투하하자 일본은 급격하게 무너져서 8·15 무조건 항복을 선택하게 되었다. 이렇게 되자 한반도 주변정세가 복잡해졌다. 히로시마 원폭 투하가 단행된 이틀 뒤인 8일 소련이 일본에 대해 재빠르게 선전포고를 하고 만주 일부와 북한의 동북부로 소련군을 진주시켰기 때문이다.

당시 미군은 오키나와에 겨우 상륙하여 교두보를 확보한 상태였다. 급작스러운 종전(終戰)이 이루어질 경우 한반도가 소련군에 의하여 장악될 것을 우려한 트루먼 대통령은 8월 15일자 전문을 통해 스탈린 수상에게 "우선 한반도를 북위 38도선을 경계로 북에는 소련군이, 남에는 미군이 진주하여 일본군의 항복을 수용할 것"을 제안했고 스탈린이 이에 대해 이의를 제기하지 않았기 때문에 38선에 의한 한반도의 군사적 분단이 이루어졌다.

　결국 한반도에 미국의 주도에 의하여 38선이라는 분단의 선이 등장했고 그 결과 북위 38도선 남쪽 한반도 절반의 땅과 3,000만 한반도 인구 중 3분의 2가 공산주의 치하로 들어가는 것을 모면하게 되었다.[38] 이렇게 하여 남북한은 미군과 소련군의 분할점령 하에 놓이게 되었다. 북한지역에 공산국가를 건설한다는 명백한 의도를 가지고 있었던 소련군은 처음부터 '해방군'이라는 간판을 들고 진주한 반면, 남한지역에 대한 분명한 정치적 구상이 없었던 미군은 오직 '점령군'의 입장에서 진주했다. 이로써 해방부터 1948년 남북의 정치적 분단 때까지 특히 남한의 정치정세는 혼미(昏迷)해지게 되었다.

미국, 한국 독립문제를 유엔으로 가져가

북한에 진주한 소련군은 이 지역의 민족주의 세력 등 반공·우익세력을 조직적으로 숙청, 제거하면서 '조선노동당'이라는 이름의 공산당을 유일정당으로 창설하고 소련으로부터 대동(帶同) 입국한 김일성(金日成)을 앞세워 스탈린식 일당독재에 바탕을 둔 공산국가 건설과 대대적인 군사력 건설을 서둘렀다.[39]

이에 반하여 남한에 진주한 미군은 전쟁 말기 쓰촨성(四川省) 충칭(重慶)으로 소개(疏開)해 있던 '대한민국 임시정부'의 법통(法統) 인정을 거부했다. 김구(金九) 등 그 구성원들은 물론 미국에서 활약했던 이승만의 귀국도 '개인자격'으로 허용하는 형편이었다.

또한 남한 내에서 한동안 공산주의 세력의 활동도 합법적으로 인정하면서 우익 진영에게 '좌우합작(左右合作)'을 끈덕지게 종용(慫慂)했다. 이로써 이른바 '해방공간'의 극심한 사상적·이념적 혼선을 부채질했다.

1946년과 1947년 두 차례에 걸쳐 서울에서 개최되었던 '미소공동위원회'가 결렬되고 그 과정에서 소련의 정치적 의도를 뒤늦게 간파한 미국은 비로소 공산당을 불법화하여 단속하기 시작하고 이승만을 중심으로 한 우파세력에 의한 독립 추진을 지원하기 시작했다.

결국 미국은 제2차 세계대전 전후처리 차원에서 한반도 독립문제를 해결하는 것을 포기하고 1947년 9월 '한국의 독립문제(Problem of Independence of Korea)'를 유엔총회 의제로 상정하는 길을 선택했다.

유엔은 1947년 11월 14일 "유엔 감시 하에 인구비례에 입각한 자유총선거 실시를 통하여 한국을 독립시킨다."는 내용의 총회결의 제112-II호를 채택했으며 이에 따라 '유엔임시한국위원단(UNTCOK)'을 구성하여 한반도에 파견했다.[40]

그러나 북한지역의 소련군 점령당국은 '임시위원단'의 입북을 거부했고 이에 대해 유엔은 1948년 2월 프랑스 파리에서 열린 임시총회에서 "우선 유엔 감시가 가능한 지역에서 선거 실시"를 결의했다. 이에 따라 38선 이남지역에서 1948년 5월 10일 총선거를 실시하여 구성한 '제헌국회'가 7월 17일 헌법을 제정·공포했고 이에 의거하여 이승만을 대통령으로 하는 정부가 8월 15일자로 수립되어 대한민국은 드디어 독립을 이룩하게 되었다.

이렇게 되자 38선 이북에서는 김일성을 정점으로 하는 공산주의 세력이 9월 9일자로 '조선민주주의인민공화국'이라는 이름의 별개의 정부 수립을 선포하여 한반도는 남북으로 2개의 국가가 존재하는 '분단국가'가 되었다.

유엔은 같은 해 12월 12일 채택된 총회결의 제135-III호에서 대한

민국을 "한반도에 존재하는 유일합법 정부"라고 선언함으로써 대한
민국의 국가적 정통성을 인정하고 북한의 성격을 '비합법적' 정치 실
체로 규정했다.[41]

2부

6.25전쟁과
미군의
한반도 귀환

1장
북한, 소련, 중국이
공모한 북한의 6.25 남침

1948년 남에 대한민국이, 북에 조선민주주의인민공화국이 등장함
으로써 '분단국가'가 된 한반도는 그로부터 2년 뒤인 1950년부터
1953년까지 3년간에 걸쳐 '6.25전쟁'이라고 하는 민족역사상 최대
규모의 동족상잔의 전화(戰禍)를 겪게 되었다. 이 전쟁에 관해서 북
한은 그동안 적반하장으로 남한에 의한 북침설을 강변하는가 하면
브루스 커밍스(Bruce Cummings)의 이른바 '수정주의 사관'의 영향을 받
은 국내외 학계와 언론계 및 정치권의 인사들도 그 같은 북한 측의
파렴치한 주장에 동조해 많은 혼선을 초래하여 왔다.

　이 같은 혼선은 1991년 구소련의 해체 이후 구소련과 동유럽 공
산권 국가들과 개혁, 개방을 진행하던 중국이 보유하던 비밀 역사자

료가 공개됨에 따라 이제는 거의 자취를 감추게 되었다. 최근 공개되고 있는 많은 역사자료에 의하면 6.25전쟁의 발발(勃發)은 비록 김일성, 스탈린 및 마오쩌둥(毛澤東) 사이의 장기간에 걸친 사전 모의와 계획에 의하여 이루어진 것이지만 그에 못지않게 국제정치에 미숙했던 미국의 정세 오판과 실책에 기인한 부분도 적지 않았음이 이론의 여지 없이 분명하게 드러나고 있다.

구소련 해체 후 새 출발을 한 러시아의 보리스 옐친(Boris Yeltsin) 대통령이 1994년 6월 모스크바를 방문한 대한민국 김영삼(金泳三) 대통령에게 넘겨 준 216건의 「한국전쟁에 관한 러시아 외교문서」에는 1949년부터 북한과 소련 및 중국 3국 간에 진행된 6.25전쟁 도발을 위한 사전 모의내용을 일목요연하게 담겨 있다.[42]

김일성, 해방 직후부터 무력 적화통일 준비

북한지역을 장악한 소련군에 의하여 권좌에 앉혀진 김일성이 이끄는 북한 공산주의 세력은 1948년 남북한에 2개의 '분단국가'가 출현하기 훨씬 이전인 1945년 말부터 궁극적으로 "무력에 의한 적화통일"을 달성하기 위한 군사력을 이미 건설하기 시작했다. 북한 공산주의자들은 1945년 10월 12일에는 사실상의 '준군사조직'인 '보안대'를, 1946년 1월 1일에는 '철도보안대'를, 2월 8일에는 뒷날 '제2군관학교'로 변신하는 '평양학원'을, 6월에는 후일 '제1군관학교'가 되는 '중앙보안간부학교'를, 8월 15일에는 '보안간부훈련대대'를, 9월 말에는 '인민집단군'과 '비행단'을, 그리고 드디어 1948년 2월 8일에는 '조선인민군'을 각기 창설하는 숨가쁜 군사력 건설 행보를 보여 주었다.[43] 이로써 북한은 1948년 9월 9일 북한 정권을 출범시키기 훨씬 이전에 '조선인민군'이라는 이름의 '정규군'을 조직하여 훈련에 박차를 가하고 있었다.

북한 공산주의자들이 '조선인민군'을 창설한 목적을 처음부터 "무력에 의한 공산화 통일"에 두어져 있었다는 사실은 1948년 2월 8일 '조선인민군' 창설식장에서의 김일성 연설문이 웅변해 준다. 이날 김일성은 "우리 인민은 미 제국주의자들과 그들의 주구(走狗)들의 나라를 분열시키려는 책동을 좌시할 수 없다. 우리는 군대를 조직하여 통일되고 민주적인 조국을 건설하는 일에 매진해야 한다. 남조선 인민들은 결국 오늘 창설되는 조선인민군을 그들 자신의 군대이며 군사역량으로 간주하게 될 것"이라고 말했다.[44]

'조선인민군'의 무장(武裝)은 소련이 제공했다. 제2차 세계대전 기간 중 중국공산군으로 중국의 항일전투에 참가한 경력이 있는 다수의 '조선족' 참전군인들이 1948년 9월 9일 북한 정권 창건 직후 북한으로 귀환하여 '조선인민군'에 참가하기 시작했다. 1949년 8월 23일 중공군 제164사단에 소속했던 1만 명의 조선족 군인들이 부대 건제 (建制)를 유지한 채 북한으로 귀환하여 '조선인민군' 제5사단으로 재편성되었다. 같은 해 7월부터 10월 사이에 중국공산군 제166사단에 소속됐던 1만 명의 '조선족' 병사들이 신의주로 들어와서 '조선인민군' 제6사단으로 편성되었다. 1950년 초 중국공산군 제139사단, 제140사단 및 제150사단에 소속했던 조선족 군인들이 북한으로 돌아와서 '조선인민군' 제11사단으로 편성되었다. 1950년 3월에는 중국에서 귀환한 '조선족' 병사들을 중심으로 '조선인민군' 제10사단, 제13사단 및 제15사단이 창설되었다.[45]

이에 더하여 1947년 5월에 창설된 제105탱크연대는 1949년 5월 120대의 소련제 T34 탱크로 편성된 제105탱크여단으로 증편(增編)되었다.[46] 이와 함께 북한은 소련제 Yak9 전투기와 IL10 폭격기로 편성된 공군사단을 창설했다.[47]

이 시기 소련과 중국이 북한군 건설에 구체적으로 어떠한 역할을 했는지는 그동안 학계의 논란거리였다. 그러나 정식 건국 이전의 중국 정부는 북한 정권과 이미 1949년 3월 17일자로 '상호방위조약'을 체결했다는 주장이 제기되고 있다.[48] 이에 앞서 1948년 12월에는

	북한군		국군		비율
육군	10개 사단 (30개 연대)	12만 880명	8개 사단 (22개 연대)	6만 7,416명	2대1
	기타 특수부대	6만 1,820명	기타 지원부대	2만 7,558명	
	합계	18만 2,680명	합계	9만 4,974명	
해군	4,700명		7,715명		1대1.7
공군	2,000명		1,897명		1.1대1
해병대	9,000명		1,166명		7.8대1
총 계	19만 8,380명		10만 5,752명		2대1

〈표 2〉 1950년 6.25 개전 당시 남북한군 병력 비교

		북한군		국군		비율
		구 경	수 량	구 경	수 량	
박격포		120밀리	225문			1.8대1
		82밀리	1,142문	81밀리	384문	
		61밀리	360문	60밀리	576문	
곡사포		122밀리	172문	105밀리	91문	6대1
		76밀리	380문			
고사포		85밀리	12문			국군 全無
		37밀리	24문			
대전차포		45밀리	550문	57밀리	140문	3.9대1
전 차		T-34	242대			국군 全無
장갑차			54대		27대	2대1
자주포		SU-76	176문			국군 全無
항공기		YAK-9	미상			9.6대1
		IL-10	미상	L-4	8대	
		IL- 2	미상	L-5	4대	
		훈련기	미상	T-6	10대	
		정찰기	미상			
		계	211대		22대	
경비정			30척		28척	1.1대1

〈표 3〉 1950년 6.25 개전 시 남북한 보유 군장비 비교

모스크바에서 니콜라이 불가닌(Nikolai Bulganin) 소련 국방상의 주재 아래 소련과 중국 및 북한 대표들이 참가한 군사회담이 열려 이 자리에서 앞으로 있을 북한군의 남침을 준비하는 데 관한 '비밀협정'이 체결되었다는 주장도 있다.[49]

이 '비밀협정'에 의거하여 북한은 소련과 중국으로부터 대규모의 무기를 지원받았다. 김일성은 1949년 2월과 3월 모스크바를 방문하여 3월 17일자로 양국 간의 '경제 및 문화 교류 협정'을 체결[50]했고 이 무렵 북한은 10개 육군사단과 1개 탱크여단 및 1개 공군사단과 해군으로 구성된 막강한 군사력 구축을 완료했다. 북한군의 병력 규모는 모두 합쳐서 19만 8,000명이었다. 6.25전쟁 개전 시점에 북한군이 보유한 장비는 242대의 탱크, 176대의 자주포(自走砲), 560대의 무장 모터사이클, 380대의 각종 차량, 다수의 각종 포, 211대의 전투기 및 폭격기와 30여척의 해군 함정들이었다.[51]

준비 없는 미국의 우유부단이 6.25전쟁 자초

이에 반해 38선 이남에서는 독자적인 군사력을 건설하기 위한 대한민국의 노력이 계속 난관에 봉착하고 있었다. 남한에서는 미군정 당국의 무성의와 좌파세력의 집요한 반대 때문에 1946년 11월 16일에야 겨우 그해 6월 15일자 미군정청 명령 제86호에 의거해 각 도별로 1개 연대 규모의 '한국국방경비대'가 창설되었다. 그나마 좌익세력의 집요한 공작 때문에 이들 부대들은 1947년 말경 '한국경비대'로 개칭되어 각기 3개 연대를 보유한 3개 여단으로 개편되었고 1950년 4월 여기에 2개의 '해안경비대'가 추가되었다. 1948년 8월 15일 대한민국이 건국되자 종래의 '한국경비여단'들은 9월 1일자로 8개 '사단'으로 개편되고 '해군'이 독립했다.

6.25전쟁이 개전되었을 때 한국군은 8개 보병사단과 해군 및 공군을 보유하고 있었다. 하지만 육해공군 총 병력은 10만 5,000명을 넘지 않았고 장비는 빈약하기 짝이 없었다. 한국군에는 탱크는 물론 자주포와 대공화기가 전무했다. 전쟁이 발발했을 때 한국군이 보유한 장비는 북한군에 비해 6분의 1에서 9분의 1에 불과한 곡사포와 항공기들뿐이었다. 공군은 캐나다로부터 국민성금으로 구입한 10대의 T6 연습기와 L4 및 L5 등 비무장 연습기 22대를 겨우 보유하고 있었다.[52]

북한에서 진행되고 있는 대규모의 군사력 증강에 경악한 대한민국 정부는 미국 정부에게 한국군 전력이 최소한 만족스러운 상태로 정비될 때까지 주한미군의 철수를 늦출 것과 한국군 전력 정비에 필요한 군사장비를 제공해 달라고 요청했지만 미국 정부는 1949년 6월 500명 규모의 군사고문단만 남겨 둔 채 주한미군의 철수를 단행했으며 한국 군용장비 지원 요청에 대해서는 5만 명을 무장시키는 데 필요한 소화기 등 경장비와 6개월분의 보급품의 지원만 약속했다. 탱크나 항공기는 물론 중장비의 제공은 일절 거부되었다.[53] 미국 정부의 입장에서 한국군의 증강은 북한을 자극하여 전쟁 도발을 유발할 가능성이 크기 때문에 한국군에게는 국내 치안유지에 필요한 경찰장비만 제공한다는 것이었다.

남북한 간에 조성되고 있는 군사력의 격차는 필연적으로 6.25전쟁의 발발을 재촉하고 있었다. 북한과 소련 및 중국 등 3국 간에 6.25전쟁 도발 모의가 시작된 것은 1949년 3월 5일 모스크바에서 있었던 스탈린과 김일성 사이의 회담 석상에서였다. 이 자리에서 김일성은 "조선반도의 무력통일을 위한 북한의 남침"에 대한 스탈린의 의견을 문의했다. 스탈린의 1차적 반응은 부정적이었다. 이유는 세 가지였다. 첫째로는 북한군이 아직도 남한군에 비해 절대적 우위(優位)를 확보하지 못했다는 것, 둘째로는 남한에 아직 미군이 주둔하고 있다는 것, 그리고 셋째로는 미소 간에 38선 분할에 관한 합의가 아직도 발효 중이라는 것 등이었다.[54]

그 뒤 소련에 대한 김일성의 남침 승인 및 지원 요구는 끈덕지게 계속되었다. 김일성은 "남측에 대한 진격 준비를 개시하는 것 외에는 선택의 여지가 없다."면서 "우리가 남진하면 이승만 체제에 반대하는 대규모 민중봉기가 남측 지역에서 일어날 것"이라고 주장했다. 이에 대해 스탈린은 소련공산당 중앙위원회 정치국 명의로 1949년 9월 24일 평양주재 소련대사에게 훈령을 하달할 때까지 북한의 무력 남침에 대한 부정적 입장을 고수했다. 이 훈령에서 스탈린은 "남한 내 빨치산 활동 강화계획은 승인"했지만 전면적 남침이나 옹진반도 점령작전은 "미국이 개입하여 분쟁이 장기화됨으로써 통일을 지연시킬 것"이라는 우려를 내세워 반대 의사를 표명했다. 그러나 이 같은 스탈린의 입장은 1950년 1월부터 급격하게 바뀌기 시작했다. 스탈린은 1950년 1월 30일 테렌티 슈티코프(Terenti Fomich Shtykov) 북한 주재 소련대사에게 "김일성의 불만을 이해하나 그가 하고자 하는 일은 많은 준비가 필요하며 잘 조직되어야 한다."면서 "김일성을 만나서 이 문제를 논의할 용의가 있으며 그를 도와줄 의사가 있다고 말하라."고 지시했다.[55]

김일성은 1950년 2월 4일 스탈린에게 "추가로 창설될 3개 북한 보병사단용 무기 구입을 위하여 소련의 1951년도 대북한 차관을 1950년 중에 사용할 수 있게 해 달라."고 요청하는 한편, 3월 9일에는 추가로 "1억 2,000만~5,000만 루블 상당의 무기 공급"을 요청했다.[56] 이에 대하여 스탈린은 3월 12일자 슈티코프 대사에게 보내는 안드레이 비신스키(Andrey Vysinsky) 외상의 전문과 3월 18일자 김일성에게 보낸 자신 명의의 전문을 통해 김일성의 요청을 수락하는 한편[57] 슈티코프 대사가 겸임하고 있던 북한 인민군 군사고문단장에 소련의 전쟁영웅 알렉산드르 바실리에프(Alexandre P. Vasiliev) 중장을 임명했다.[58] 스탈린은 그러나 김일성에게 남침 단행에 앞서서 마오쩌둥의 중국과 사전협의를 통해 동의를 확보할 것을 거듭 요구했으며[59] 이와는 달리 중국에게는 별도로 김일성의 대남 전쟁 도발을 지원하도록 압력을 가했다.[60]

이 같은 북-소-중 3국 간의 사전 모의가 진행되는 동안 미국은 거듭 되풀이되는 실책으로 북한의 남침을 유발하게 된다. 이 무렵 미국의 전략가들은 서유럽에 대한 소련의 군사적 위협이 아시아에 대한 그것보다 훨씬 위급하다고 판단했고 만약 한반도에서 전쟁이 발발하면 소련이 "미국의 국력을 양분시킬 수 있는 절호의 기회가 왔다."고 판단한 나머지 유럽에서 전쟁을 도발함으로써 제3차 세계대전이 촉발될 가능성이 있다고 우려했다.[61] 급기야 1950년 1월 20일 워싱턴 내셔널프레스클럽에서의 '아시아의 위기(Crisis in Asia)'라는 제목의 연설에서 미국의 딘 애치슨(Dean Acheson) 국무장관은 아시아-태평양에서의 미국의 방위선이 "알류샨 열도(Aleutians)로부터 시작하여 일본열도와 류큐(琉球) 열도를 거쳐 필리핀으로 연결된다."며 대한민국과 타이완을 미국의 방위선에서 배제하고 이들 나라에 외침(外侵)이 있을 경우에는 "자력으로 방위하거나 유엔의 집단안전보장에 의존해야 한다."고 발언했다. 이로써 미국은 김일성과 스탈린 및 마오쩌둥에게 북한이 남침해도 미군은 개입하지 않을 것이라는 결정적인 신호를 보낸 결과가 되었다.[62]

북한, 6월 25일 새벽 전면 남침으로 전쟁 도발

남한에서는 1950년 5월 30일 제2대 국회의원 총선거가 실시되었다. 선거 기간 중 비상경계 태세를 유지했던 한국군은 6월 10일 사단장급 고급 지휘관들에 대한 대대적 인사이동을 단행[63]했다. 때문에 6.25전쟁이 발발했을 때 대부분의 사단장들은 부임한 지 2주일 정도에 불과했다. 그래서 부대 장악이 미흡한 상태였다. 여기에 더해 6월 24일을 기해 전군에 대해 비상경계가 해제됐다. 그리고 모든 부대로 하여금 소속 장병들에게 농번기 휴가를 내보내라는 지시가 내려져 6월 25일에는 한국군 병력의 3분의 1이 부대를 떠나 귀향 중에 있었다.[64]

뿐만 아니라 서울의 육군본부 장교클럽에서는 6월 24일 밤부터 25일 새벽까지 국방부와 육군본부 수뇌들은 물론 서울과 서울 근교의 주요 군부대와 일선부대 지휘관들이 참석한 가운데 장교클럽 준공을 축하하기 위한 연회가 진행되었다.[65] 북한군의 기습 남침이 성공을 거둘 수 있는 모든 요인이 구비되고 있었다. 이 같은 상황에서 6월 25일 새벽 4시 38선 전역에서 기습 남침을 개시한 북한군이 서울 시내에 입성하기까지는 단 3일밖에 소요되지 않았다.

북한군, 개전 3일 만에 서울점령

북한군은 당일 옹진반도 방어선을 무너뜨리고 26일에는 의정부, 27일에는 창동, 28일 새벽에는 미아리의 국군 방어선을 파죽지세로 돌파했다. 그동안 개성, 김포, 문산, 포천, 의정부, 춘천, 가평 등이 북한군의 손아귀에 들어갔다. 북한군은 38선 전역에서 일제히 공격의 포문을 열어 한 달 안에 부산을 점령한다는 계획이었다. 북한의 주공(主攻)은 4개 사단과 1개 전차여단으로 구성된 제1군단이 맡았다. 제3사단, 제4사단과 제105전차여단 예하 2개 전차연대는 의정부에서 서울 방향을, 제1사단과 1개 전차연대는 문산에서 서울 방향을 각기 공격의 축선(軸線)으로 설정했다.

나머지 제6사단은 한강 하류를 도강하여 김포부터 영등포까지의 축선을 지향했다. 조공(助攻)은 3개 보병사단과 1개 모터사이클연대로 구성된 제2군단이 맡았다. 이중 제2사단, 제12사단과 모터사이클연대는 춘천, 가평, 홍천, 수원 방향으로 진격하여 서울 동측을 우회, 공격함으로써 한강 이남에서 국군 주력을 포위할 계획이었다. 나머지 제5사단은 제766유격연대와 제945육전대의 지원을 받으면서 동해안 축선을 따라 포항 방면으로 남진하게 되어 있었다.

국군의 전방 방어부대는 4개 사단과 1개 연대가 전부였다. 옹진반도에 보병 제17독립연대, 개성, 문산에 제7사단, 춘천 북방에 제6사단, 동해안에 제8사단이 포진해 있었다. 한강 이북 북한군이 서울로 향하는 2개의 주공 축선 상의 국군은 탱크를 앞세운 북한군의 공격 앞에서 속수무책이었다.

그럼에도 북한군이 서울에 입성하는 데 사흘이나 소요되었다는 사실은 서울 북방의 국군이 탱크는 물론 대전차 화기와 중화기 등 모든 것이 부족한 가운데서도 영웅적인 지연작전을 벌였음을 말해준다. 특히 춘천 북방의 제6사단은 김종오(金鍾五) 사단장의 지휘 하에 25일부터 30일까지 북한군의 춘천 점령을 저지함으로써 개전 초기 제2군단으로 하여금 춘천을 거쳐서 수원으로 우회 진출하여 한

강 이남에서 국군 주력을 포위하려 했던 북한군의 작전계획에 결정
적 차질을 주었다.

유엔군 참전과 6.25전쟁의 국제전쟁화

6월 28일 새벽 한강 인도교와 철교를 폭파하고 한강 이남으로 철수
한 국군은 당초 9만 5,000여 명의 병력이 2만 2,000여 명으로 감소
되어 있었다. 그러나 서울을 점령한 북한군은 뜻밖에도 사흘 동안
서울에 머무른 채 한강 도강을 늦추었고 이 같은 북한군의 이상한
지연행동은 전국(戰局)에 변화를 초래하는 전기(轉機)가 되었다. 북한
군의 이 같은 이상한 지연행동의 원인은 두 가지 중의 하나로 추정
된다.

   하나의 가능성은 춘천 쪽으로 내려온 제2군단이 중부전선을 우회
하여 수원 쪽으로 진출함으로써 한강 이남의 국군을 포위하기를 기
다렸다는 것이고, 또 하나의 가능성은 6.25 개전 이전에 박헌영(朴憲
永)이 주장한 것처럼 북한군이 서울을 점령하는 것을 계기로 남한 전
역에서 남로당을 비롯한 공산주의 동조 세력이 봉기하기를 기다렸
다는 것이다.

그러나 그 두 가지 가능성 중 하나도 맞지 않은 가운데 6.25전쟁은 미군을 선두로 하는 유엔군의 참전으로 북한이 전혀 예기치 못했던 방향으로 전개되기 시작했다. 북한이 '민족전쟁' 차원의 내전으로 시작한 전쟁이 어느 순간에 유엔을 한 편으로 하고 북한이 다른 한편이 되는 국제전쟁으로 변모한 것이다.

6월 25일 북한군의 전면 남침 보고를 접수한 미국의 트루먼 대통령은 이 사건을 1939년 히틀러가 이끄는 나치 독일군의 폴란드 침공과 같은 것이라고 단정했다. 이에 대해 '유화정책(宥和政策, Appeasement)'으로 대응하는 것은 소련의 팽창주의를 더욱 조장할 것이기 때문에 단호하게 이에 대응해야 한다고 결심했다.[66]

트루먼은 더글러스 맥아더(Douglas MacArthur) 주일미군총사령관에게 주일미군의 한국으로의 긴급 출동을 지시하는 한편, 국무성에 대해서는 유엔 안전보장이사회를 즉시 소집하여 북한군에 의한 남한 침략문제를 토의할 것을 지시했다.

유엔 안보리, 북한을 '침략자'로 낙인

이에 따라 6월 25일(미국 시간) 긴급 소집된 유엔 안보리는 북한을 '침략자(Aggressor)'로 낙인(烙印)찍고 유엔 회원국들에게 대한민국이 북한군의 침략을 격퇴하는 데 필요한 군사원조를 제공할 것을 권유하는 안보리 결의 제83호를 만장일치로 통과시켰다.[67] 때마침 거부권이 있는 소련 대표는 당시 안보리 상임이사국 자리를 베이징의 공산중국이 아니라 타이완의 중화민국(中華民國)이 차지하고 있는 데 대한 항의 표시로 1950년 1월부터 안보리 회의 참석을 보이콧하고 있는 상황이었다. 트루먼 대통령은 27일 미 공군과 해군에게 한반도에 출동하여 북한군을 격퇴시킬 것을 명령했다.

트루먼 대통령의 긴급명령에 따라 미 육군 제24보병사단이 일본으로부터 한국으로 긴급 출동했다. 그러나 7월 5일 경기도 오산지역에서 북한군과 최초로 조우한 제24사단의 '스미스 특공대(Task Force Smith)'는 북한군의 탱크를 저지할 무기가 없어서 180명의 전사자를 내고 일패도지(一敗塗地)당했다. 미군은 평택과 천안 및 조치원등지에서 북한군에 연전연패한 뒤 대전(大田)에서 제24사단 사단장 딘(William F. Dean) 소장이 북한군에게 포로로 잡히고 나머지 사단 병력이 궤멸적 타격을 입는 패배를 감수해야 했다. 대전 전투에서 미 제24사단은 3,602명이 사망하거나 부상하고 2,962명이 북한군에 포로로 잡히는 참패를 당했다.[68]

전쟁 초기 국군 제6사단(사단장 김종오 대령) 제7연대(연대장 임부택 중령) 제2대대(대대장 김종수 소령)가 북한군 제15사단 제48연대를 대파한 음성 동락리 전투(1950년 7월 6일)와 국군 제17독립연대(연대장 김희준 중령)가 역시 북한군 제15사단 제48연대와 제45연대를 기습 격파한 상주 화령장 전투(1950년 7월 17일~21일) 등 국군이 거둔 승전보가 없지는 않았지만 전 전선에 걸쳐서 북한군의 총공세는 주마가편(走馬加鞭)의 속도로 진행되었다.

일패도지(一敗塗地)당하던 미군, 부산 교두보 구축

그동안 유엔 안보리는 7월 7일 한국전 참전 유엔군을 통합·지휘할 '유엔군사령부(United Nations Command, UNC)'를 설치하고 그 사령관에 미군 장성을 임명하라는 내용의 안보리 결의 제84호를 채택했다. 이에 따라 맥아더 장군이 유엔군 사령관에 임명되었으며 7월 15일 대한민국의 이승만 대통령은 맥아더에게 보내는 서한을 통해 대한민국의 육·해·공군에 대한 작전지휘권도 유엔군 사령관에게 위임하는 조치를 취했다.

그러나 전선에서는 지연작전에 의한 유엔군의 철수가 계속되어 8월에는 전선이 동해안의 포항으로부터 내륙의 영천, 대구를 거쳐서 서쪽으로는 마산까지 이어지는 '부산 교두보(Pusan Perimeter)'로 수축되었다. 8월 중순 이후부터는 낙동강 방어선을 돌파하여 '부산 교두보'를 돌파하려는 북한군과 이를 저지하려는 유엔군 및 국군 사이에 피 말리는 공방전이 전개되었다. 한때는 포항 전선이 일시적으로 뚫리고 대구 북방에서는 영천과 다부동 주변 고지에서 일진일퇴의 유혈전이 지속되는 가운데 8월 16일에는 왜관지역에 B29 공중초요새기 99대가 융단폭격을 가하는 장면이 연출되기도 했다.

인천상륙작전으로 반격에 나선 유엔군의 북진

그러나 맥아더 장군은 9월 15일 적의 의표를 찌르는 인천상륙작전으로 전세 역전의 전기를 포착했다. 유엔군은 9월 28일 서울을 수복한 데 이어서 10월 1일 동해안에서 국군은 38선을 돌파하여 북진의 돌파구를 열었고,[69] 유엔군도 10월 7일 전 전선에서 국군을 따라서 38선을 넘어 북진하기 시작했다. 지리멸렬한 북한군이 별다른 저항 없이 총 퇴각을 계속하는 가운데 순풍에 돛을 단 유엔군의 북진은 한동안 화려하게 계속되었다. 후세의 사가(史家)들은 맥아더 장군이 북한 땅의 병목으로 100마일의 폭을 갖는 평양-원산선에서 유엔군의 진격을 정지시키고 전선을 정리하지 않은 것을 그의 치명적인 실수라고 지적한다. 맥아더가 그렇게 했더라면 유엔군은 북한 인구의 90퍼센트와 북한의 수도 평양을 수중에 넣은 상태에서 유리한 전쟁 종결을 도모하는 것이 가능했으리라는 것이다.

그러나 맥아더는 그렇게 하지 않고 "성탄절 전에는 귀국하자(Home by Christmas)!"라는 구호를 앞세우면서 유엔군을 400마일 이상의 폭을 갖는 한만국경(韓滿國境) 쪽으로 계속 내몰았다.[70] 10월 19일 국군 수도사단과 미 제1기병사단은 평양을 점령하고 북진을 계속했다. 동해안에서의 유엔군과 국군의 북진은 더욱 쾌속이었다. 국군은 10월 10일 원산을 해방시켰고 미 제10군단과 국군의 북진은 10월 24일 함경북도 청진에 이르기까지 거침없이 진행되었다. 평안도 쪽으로 진격한 국군 제6사단 제7연대는 10월 26일 평안북도의 압록강변 도시 초산에 진입하여 이승만 대통령에게 보낼 압록강 물을 물병에 담는 감격적 순간을 가졌고 함경도 쪽에서는 미군 제7사단 제17연대와 이 연대에 부속된 한국 전투경찰대가 역시 압록강변의 혜산진에 입성했다.

중공군의 참전과 장기화되는 한국전쟁

그러나 이 무렵 한반도에서는 전국(戰局)을 다시 뒤집게 될 거대한 움직임이 어둠 속에서 비밀리에 진행되고 있었다. 9월 15일의 인천 상륙작전 직후 북한의 김일성은 베이징으로 특사를 파견하여 중국 군의 참전을 호소했다.

마오쩌둥의 중국은 '중국인민지원군'의 명칭으로 중국군의 한반도 파병을 결정했다. 중국군의 한국 참전이 현실화되었다.[71] 10월 19일 압록강을 몰래 도강한 중국인민지원군 제13집단군은 10월 25일 서부전선의 유엔군에 대한 '제1단계 공세'를 개시하여 온정리 전투에서 한국군 제2군단을 격파했고 11월 1일에는 운산에서 미군 제8기병연대를 3면으로 포위 공격하여 역시 격파했다.

11월 25일 청천강 전투로 '제2단계 공세'를 개시한 중국군 제13집단군은 국군 제2군단을 재차 격파했다.

11월 27일 동부전선 장진호 근처에서는 중국군 제9집단군이 미육군 제7사단과 미해병 제1사단을 혹한 속에서 역시 3면으로 포위 공격하여 미 해병은 1만 5,000여명의 사상자를 냈었다. 미군은 결국 "다른 방향으로의 공격(Retreat Hell! We're just attacking in another direction)"이라는 이름으로 필사적인 후퇴작전을 벌여 흥남 항구로 철수했다.

유엔군은 전 전선에 걸쳐 총 퇴각을 단행했다. 특히 중·서부전선에서 철수하는 유엔군의 철수 속도는 북진할 때의 속도보다 더 빨라서 원산 이북 동부전선의 유엔군들은 적지에 고립되었다. 육로로 철수하는 길이 봉쇄된 동부전선의 유엔군은 크리스마스 전야인 12월 24일 함경남도 홍남 부두에서 제2차 세계대전 때의 덩커크(Dunkirk) 철수작전[72]을 방불케 하는 해상 철수작전을 벌여 부산으로 철수하는 데 성공했다.

이때 홍남 철수작전을 통해 10만 5,000명의 군인과 9만 8,000명의 민간인, 그리고 1만 7,500대의 각종 차량과 35만 톤의 보급물자가 193척의 각종 선박에 실려서 부산으로 옮겨졌다.

이때 선령(船齡) 5년, 선원 12명의 300톤급 미국적 민간 수송선 메러디스 빅토리호(SS Meredith Victory)의 선장 레너드 라루(Leonard Larue)는 앞서 선적했던 무기와 장비들을 모두 바다에 던져 버리고 1만 4,000여 명의 피난민을 태우고 3일간의 항해 끝에 안전하게 거제도로 귀환하는 감동적 드라마의 주인공이 되었다. 메러디스 빅토리호가 3일 동안 바다에서 거친 겨울 파도를 헤치는 동안 시종 꼿꼿하게 선 자세로 견뎌야 했던 피난민 가운데 5명의 신생아가 무사히 세상에 태어났다. 이 당시 메러디스 빅토리호의 3일 동안 항해는 "단일 선박이 수행한 사상 최대 규모의 구조작전(The largest evacuation from land by a single ship)"으로 기네스북에 등재되어 있다.[73]

1·4후퇴, 중국군의 인해전술로 서울을 다시 상실

유엔총회는 1951년 2월 1일 중국을 '침략자'로 규탄하고 중국군의 철수를 요구하는 결의를 채택[74]했으나 전쟁의 주도권은 중국군의 수중으로 들어갔다. 이에 앞서 1950년 12월 23일 교통사고로 사망한 월턴 워커(Walton Walker) 중장의 후임으로 매슈 리지웨이(Matthew Ridgway) 중장이 12월 26일자로 유엔군의 주력인 미 제8군 사령관에 임명되었다. 중국군과 북한군은 1950년 12월 31일부터 '신정공세(新正攻勢)'라고 언론이 명명한 '제3단계 공세'를 개시했다. 요란스럽게 꽹과리와 징을 두드리고 피리를 불면서 몰려드는 중국군의 인해전술은 유엔군 장병들 사이에 공황을 불러일으켜 전속 후퇴를 강요했으며 그 결과로 1951년 1월 4일 공산군은 다시 서울을 함락시켰다.

리지웨이 신임 사령관의 부임으로 패퇴 일색이었던 미 제8군의 사기가 반전되기 시작했다. 1951년 2월 5일 리지웨이 장군은 미 제8군에게 '라운드업 작전(Operation Roundup)'이라고 명명된 강습 정찰 작전 수행을 명령했고 강화된 미 공군의 공중 엄호를 등에 업은 미 제10군단은 한강 이남지역을 탈환하고 원주를 재장악했다. 2월 중순 중국군은 '제4단계 공세'를 개시하여 횡성에서 유엔군을 유린했다. 하지만 그들도 결국 경기도 양평 지평리에서 15대1이라는 병력상의 열세를 딛고 결사적으로 진지를 고수한 미 제2사단과 프랑스군의 선전에 가로막혔다.

이 과정에서 스탈린의 소련은 압록강을 도강하는 중국군에게 소련 공군기에 의한 공중 엄호를 제공하기 시작했다. 소련 공군은 중국 땅인 만주에 있는 기지로부터 출격을 했고 이에 대응하여 미 공군기들은 비공개로 만주의 공군기지를 폭격하기도 했다. 1950년 11월 초부터 한만국경의 상공에서는 미국 공군 전투기들과 소련 공군 전투기들 사이의 공중전이 증가하기 시작했다. 소련은 중공군을 엄호하기 위하여 소련 공군기들을 계속 전장에 투입하면서 이와 동시에 중국 공군 조종사들을 훈련하고 중국 공군에 대한 소련제 전투기 제공을 강화했다. 중국 공군기들은 1951년 9월부터 본격적으로 한국전쟁에 참전하기 시작했다.

전쟁 수행 방향에 관한
트루먼과의 불화로 맥아더 퇴장

6.25전쟁이 진행되는 과정에서 도쿄의 맥아더 사령관과 워싱턴의 트루먼 행정부 사이에 전쟁의 향후 전개 방향과 관련하여 불협화음이 싹트기 시작했다. 맥아더는 협상에 의한 전쟁의 종결에 반대하면서 장제스(蔣介石)가 이끄는 타이완의 자유중국군을 한국전선에 투입하고, 중국의 항구들을 봉쇄하며, 필요하면 원자탄을 동원해서라도 한만국경 인근 만주의 중국군 기지들을 폭격할 것을 희망했다. 그는 "승리 외에는 대안이 없다."면서 "1938년 뮌헨(Munich) 밀약 때 유화정책의 역사적 교훈에 눈을 감아서는 안 된다."고 경고해 마지않았다.

그러나 트루먼의 생각은 달랐다. 트루먼은 맥아더의 주장을 수용하면 한국전쟁은 걷잡을 수 없이 확전되어 제3차 세계대전을 유발할 것이라고 두려워한 것이다.[75] 트루먼과 맥아더는 1950년 10월 15일 태평양 상의 웨이크섬(Wake)에서 만났으나 두 사람 사이의 입장 차이는 해소되지 않았다. 트루먼은 결국 1951년 4월 10일 '명령불복종'을 이유로 맥아더를 '연합국 최고사령관(Supreme Commander, Allied Powers)' '유엔군사령관(CommanderinChief, United Nations Command)'

'극동군사령관(CommanderinChief, Far East)' '극동지역 미군 총사령관 (Commanding General, U.S. Army, Far East)' 등의 4개 직책에서 해임하는 조치를 단행했다. 맥아더의 후임은 미 제8군 사령관이던 리지웨이 중장이 대장으로 승진하면서 이어받았다.

유엔군의 반격과 '캔자스선'에서의 전선의 고착

뒤에 '한국군의 어머니'라는 별명의 주인공이 된 제임스 밴플리트 (James Van Fleet) 중장이 새로운 미 제8군 사령관으로 임명된 가운데 리지웨이 장군은 유엔군을 재편성하여 공세를 펴기 시작했다. 유엔 군은 '용기 작전(Operation Courageous, 1951년 3월 23일~28일)'과 '토마호크 작전(Operation Tomahawk, 1951년 3월 23일)' 등 공지(空地) 합동작전으로 서울과 개성 사이 중국군과 북한군의 전력 손실을 극대화시켰다. 이 후 유엔군은 전선을 38선 이북의 '캔자스선(Kansas Line)'까지 밀어 올 렸다.

이에 맞서 중국군과 북한군은 1951년 4월 70만 명의 병력을 동원 하여 언론이 '춘계공세(春季攻勢)'라고 명명한 '제5단계 공세'를 전개했 다. 하지만 유엔군은 1951년 4월 22일부터 25일까지 계속된 '임진

강 전투'와 같은 기간 동시에 진행된 '가평 전투'에서 공산군의 공격을 저지하고 서울 북방의 '무명선(無名線, Noname Line)'을 지켜내는 데 성공했다. 1951년 5월 15일 중국군은 한국군과 미 제10군단을 상대로 소양강 동편에서 새로운 '춘계공세'를 전개했지만 미 제8군은 이 역시 격퇴시키고 다시 캔자스선을 회복했다.

이때로부터 1953년 7월 27일 휴전이 성립되기까지 6.25전쟁의 전선은 대체로 험악한 산악지대를 타고 중·동부전선을 따라 형성된 캔자스선을 축으로 해서 고착되었다. 캔자스선은 한 치의 땅이라도 더 차지하기 위하여 치열하게 전개된 고지 쟁탈전과 육·해·공군의 화력이 총동원된 살육전의 무대가 되었다. 이 기간 중 문제의 캔자스선을 축으로 유엔군과 중국군 및 북한군 사이에 벌어진 주요 전투는 다음과 같다.

- 1951년 8월 18일~9월 15일: 피의 능선(Blood Ridge) 전투
- 1951년 8월 31일~9월 21일: 펀치볼(Punch Bowl) 전투
- 1951년 9월 13일~10월 15일: 단장(斷腸)의 능선(Heartbreak Ridge) 전투
- 1952년 6월 26일~8월 4일: 올드 볼디(Old Baldy) 전투
- 1952년 10월 6일~15일: 백마고지(White Horse) 전투

- 1952년 10월 14일~11월 25일: 삼각고지(Triangle Hill) 전투
- 1952년 3월 21일~6월 21일: 에리 고지(Hill Erie) 전투
- 1952년 6월 10일~18일: 해리 초소(Outpost Harry) 쟁탈전
- 1952년 5월 28일~29일: 낚시고리 고지(The Hook) 전투
- 1953년 3월 23일~7월 16일: 포크찹 고지(Pork Chop Hill) 전투
- 1953년 7월 13일~27일: 금성지역 전투

전쟁의 장기화에 따라 격증하는 병력 손실로 중국의 고민이 날이 갈수록 심각해졌다. 열악한 군사장비와 군수지원 및 지나치게 늘어지는 통신선과 보급선으로 어려움을 겪던 중국군은 유엔군의 강화된 공습으로 날이 갈수록 더 어려워졌다. 그 결과로 중국군은 유엔군에 비해 훨씬 더 많은 병력 손실을 감수해야만 했다. 이에 따라 중국은 1952년 2월 24일 공산당 군사위원회를 열어서 중국군의 심각한 병참문제를 논의했다. 중국 정부 관리들이 이 문제에 대한 효과적인 방안을 제시하지 못하자 중국인민지원군 사령관 펑더화이(彭德懷)는 노여움을 폭발시켰다.

"당신네들은 이런 문제가 있고 저런 문제가 있다고 한다. 그렇다면 당신네들이 전방으로 가서 당신네들 자신의 눈으로 중국군 병사들이 무엇을 먹고 무엇을 입고 있는지 직접 보아라. 사상자들에 관

하여 말할 필요도 없다. 도대체 그들은 무엇을 위하여 그들의 목숨을 바치고 있는가?"

다급해진 저우언라이(周恩來)는 황급하게 회의를 끝낼 수밖에 없었다. 중국이 할 수 있었던 것은 소련으로부터 더 많은 대공화기와 군사장비 및 탄약을 인수하여 가능한 범위 안에서 더 많은 식량 및 의류와 함께 일선에 보급하는 길뿐이었다.[76]

2장
한미상호방위조약의 체결

지리한 정전협상 타결로 비전비화의 휴전 성립

전선의 교착상태가 장기화됨에 따라 국제사회에서는 영국과 인도 등이 선도하는 가운데 휴전 논의가 전개되기 시작했다. 1951년 6월 소련이 "휴전을 모색할 용의가 있음"을 시사했다 이 같은 움직임에 발맞추어 리지웨이 사령관이 6월 30일 "휴전회담의 개최"를 공식적으로 제안하자 북한과 중국은 즉각 이를 수락했다. 이에 따라 7월 10일부터 휴전회담이 북측 지역인 개성에서 개최되기 시작했다.

그러나 회담이 개최되자마자 쌍방의 상이한 의도가 금방 표면에 드러났다. 유엔군은 "명예로운 종전"을 희구했지만 공산군 측은 "전쟁터에서 잃은 것을 회담을 통하여 되찾는 것"을 목표로 하고 있다는 사실이 드러났다. 공산군 측은 회담장을 선전장으로 변질시켰다. 그들은 상대측인 유엔군 측에게 모멸감을 주고 낭패를 안겨주면서 고집불통의 태도와 지연전술을 배합해 상대측의 양보를 극대화하는 데 모든 노력을 경주했다.[77]

8월 하순 공산군 측은 돌연 회담을 보이콧하기 시작했다. 이에 맞서 밴플리트 장군은 전 전선에 걸쳐서 제한된 공세를 전개하여 공산군 측에게 군사적 압박을 가했다. 이 공세를 이겨 내지 못한 공산군은 10월 중순 회담장으로 복귀했다. 유엔군 측은 회담장을 북한 쪽 지역인 개성으로부터 중립지역인 판문점으로 옮겼고 휴전회담은 이 때로부터 1년 반 동안 속개와 정회를 끊임없이 반복하면서 계속되었다. 그동안 전쟁은 전 전선에 걸쳐서 제1차 세계대전 때 악명 높았던 참호전으로 변질되었다.

휴전회담의 첫 난제는 휴전선을 어떻게 설정하느냐는 것이었다. 유엔군 측은 '현재의 전선(戰線)'을 휴전선으로 획정할 것을 제의했지만 공산군 측은 '38선으로의 복귀'를 주장했다. 휴전선 문제는 1951년 10월 28일 결국 유엔군 측의 안을 공산군 측이 수용함으로써 타결되었다. 그러나 이때 획정된 군사분계선은 지상과 공중에 한정된 것이었다. 해상에는 분계선이 그어지지 않음으로써 오늘날 '북방한계선(Northern Limit Line, NLL)'을 둘러싼 남북 간의 분규의 불씨를 묻어 둔 셈이 됐다.

해상에서의 군사분계선이 그어지지 않은 데는 그럴 수밖에 없는 사연이 있었다. 6.25전쟁 기간 북한 해군은 괴멸되었고 중국군은 해군을 투입하지 않아 동해는 물론 서해도 한반도 연안의 제해권(制海權)은 100퍼센트 유엔군의 수중에 있었다. 따라서 서쪽의 압록강 입구로부터 동쪽의 두만강 입구까지 한반도 연안의 섬들은 100퍼센트 유엔군의 통제 하에 있었다.

반면 1951년 7월 이후 휴전회담이 개성에서 시작되어 판문점으로 옮겨짐에 따라 이곳으로부터 북쪽과 서쪽의 지상(地上) 전선은 사실상 '부전지대(不戰地帶)'로 변모해 전선의 변화가 없게 되었다. 이에 따라 해주를 포함하여 6.25 개전 이전 대한민국의 영토였던 38선 이남의 옹진반도도 북한 관할지역으로 남게 되었다.

이 같은 상황 속에 군사경계선을 획정하면서 유엔군 측은 두 가지를 고민하게 되었다. 첫째, 38선 이북의 해상에 흩어져 있는 연안 도서들을 휴전 이후에도 방위하는 것은 비현실적이라는 것이었다. 둘째, 육지로부터 고립된 38선 이남의 옹진반도 남단을 휴전 체제 안에서 방어하는 것도 현실적으로 어려운 선택이라는 것이었다.

이에 따라 유엔군 측은 38선 이북의 북한 연안 도서들과 38선 이

남의 옹진반도 남단을 포기하는 것을 대가로 지불하면서 지상에서 서부전선을 제외하고는 38선 이북지역으로 깊게 파고 들어간 현 전선, 즉 캔자스선을 군사분계선으로 하는 절충안을 공산군 측이 수용하게 하는 데 성공했다.

문제는 이 과정에서 해상의 군사분계선을 획정하는 일이 누락되었다는 것이었다. 그러나 이 시점에서 유엔군 측의 입장에서는 굳이 해상에서의 군사분계선을 획정하는 것이 실익이 없었다. 무엇보다도 휴전 시점에 북한의 해군력이 전무했기 때문에 해상 군사분계선은 존재 유무가 무의미했다. 더구나 휴전협상은 교전 쌍방에게 휴전 시점에서의 군사력 동결과 함께 외부로부터의 군사력 도입 금지를 의무화하고 '중립국감독위원회'에게 이의 감독 임무를 부여할 터였다.

게다가 휴전협상을 주도한 미국은 끝없이 증대되는 인명 피해에 지친 국내 여론으로부터 하루빨리 전쟁을 종결하라는 엄청난 압력을 받고 있었다. 이 같은 여론을 등에 업고 1952년 11월의 대통령 선거에서 제2차 세계대전의 영웅이었던 드와이트 아이젠하워(Dwight D. Eisenhower) 공화당 후보가 "당선되면 단시일 안에 한국전쟁을 종식시키고 참전 미군들을 귀국시키겠다."는 공약을 앞세워 제34대 대통령(1952~1960)에 당선되었다. 미국은 초조감에 쫓기고 있었다. 실익이 없는 해상 군사분계선을 획정하는 일은 관심의 대상 밖으로 밀려났다. 다른 한편으로 소련에서는 6.25전쟁의 배후 조종자였던 스탈린이 1953년 3월 5일 죽었다.[78]

휴전협상의 진짜 난관은 포로교환 협상

휴전협상의 실제 난관은 딴 곳에 있었다. 첫째 난관은 포로교환 협상의 난항이었다. 포로처리에 관한 제네바 협약(Geneva Convention relative to the Treatment of Prisoners of War)은 "전쟁 종결 직후 모든 포로의 무조건 송환"을 규정하고 있었으나 문제는 6.25전쟁 기간 중 유엔군의 관리 하에 들어간 공산군 측 포로 가운데 상당수가 '자국(自國)으로의 송환을 거부'하고 있다는 것이었다. 1951년 말 유엔군의 조사 결과에 따르면 유엔군이 관리하던 16만 명의 중국군 및 북한군 포로 중 절반 이상이 "자국으로의 송환을 거부"하고 '타이완'으로의 송환이나 남한에서의 석방을 희망하고 있었다. 이에 따라 유엔군 측은 포로들의 자유로운 의사에 의한 귀환 여부 선택을 주장한 반면, 공산군 측은 모든 포로의 무조건 송환을 주장하여 협상의 타결이 무한정 지연되었다.

결국, 휴전협정 체결 후 비무장지대에서 인도군의 관리 하에 송환을 거부하는 2만 2,604명의 공산군 포로에 대한 심사가 진행됐고 결국 대부분이 공산군 측에 인도되지 않고 석방되었다.

그러나 북한은 북한이 관리하던 국군포로의 대부분을 송환하지 않고 주로 북한의 탄광 노동력으로 착취하는 전쟁범죄를 자행함으로써 '미귀환 국군포로'라는 미해결 문제를 불러일으켜 오늘에 이르고 있다. 한국 국방부는 전쟁 기간 중 실종된 국군의 총수를 8만 8,000명으로 추계했고, 북한은 1951년 3월 방송을 통해 6만 5,000명의 국군포로를 억류하고 있다고 발표한 바 있으나 1953년 조인된 휴전협상 시에는 7,142명의 국군포로만을 남쪽으로 송환했다.[79]

휴전협상의 발목을 잡은 또 하나의 난관은 대한민국 이승만 대통령의 집요한 휴전 반대였다. 이승만은 1951년 유엔군과 공산군 사이에 휴전협상이 개시되었을 때부터 이에 대한 반대 의사를 감추지 않았다. 이승만의 휴전협상 반대 논리는 표면적으로는 "북한군의 6.25 남침으로 38선은 소멸되었으며 기왕 전쟁이 발발했으니만큼 이 기회를 이용하여 북진통일을 완수해야 한다."는 것이었다.

그러나 이승만의 "통일 없이 휴전 없다."는 '북진통일론'은 정치적 수사학이었지 그의 진짜 의도는 아니었다. 그가 휴전에 반대한 진짜 이유는 휴전 성립 이후의 국가안보에 관한 미국의 더 확실한 보장을 받아내기 위한 그 나름의 고육지계(苦肉之計)였다. 이승만의 완강한 휴전 반대는 휴전을 서두르는 미국의 입장에서는 견디기 힘든 애물단지였다. 이 때문에 한때 미국은 '에버레디 공작(Operation Ever Ready)'이라고 명명된 비밀공작을 통해 이승만을 제거하는 방안을 검토하기까지 한 것으로 알려져 있다.

이승만, 반공포로 석방으로 한미방위조약 쟁취

이승만은 미국 측과 아무런 사전협의 없이 1953년 6월 18일부터 21일까지 사흘간에 걸쳐 원용덕(元容德) 헌병사령관을 통해 한국 헌병들을 동원하여 부산·대구·영천·마산·광주·논산·부평 등지의 포로수용소에 분산 수용되어 있던 북한군 출신 반공포로들을 일제히 석방하는 폭탄조치를 단행했다. 이 조치로 3만 5,451명의 북한군 출신 반공포로들 가운데 2만 6,424명이 석방되었다. 이승만 대통령의 이 조치는 한국이 반대하는 내용으로 마무리되고 있는 판문점 휴전협상의 판을 흔들어 보려는 극단적 조치였다. 이 조치에 당황한 미국은 마크 클라크(Mark Clark) 유엔군사령관에 지시하여 석방된 반공포로의 재수용을 시도했으나 이 같은 미국의 시도는 전체 한국민들

의 비협조로 허사가 되었다.[80]

이로 인해 막바지에 접어들고 있었던 판문점 휴전협상에 예상치 않았던 파국의 위기가 조성되었다. 미국의 아이젠하워 행정부는 한국의 반대를 도외시하고 휴전협상을 강행하던 종래의 방침을 바꿔 문제의 반공포로 석방 직후인 6월 월터 로버트슨(Walter Robertson) 특사를, 그리고 다음 달인 7월에는 덜레스(John Foster Dulles) 국무장관을 서울로 파견하여 이승만 대통령의 반발을 무마하는 설득외교를 전개했다.

이 과정에서 이승만은 휴전협상 타결을 묵인하는 대가로 **한미상호방위조약** 체결과 한국군 증강, 주한미군의 유지 등을 내용으로 하는 안보공약을 미국으로부터 쟁취하는 뛰어난 외교적 수완을 발휘했다.[81]

이 같은 우여곡절을 거쳐서 유엔군을 대표한 클라크 유엔군사령관과 공산군을 대표한 김일성 북한 인민군 최고사령관 및 평더화이 중국인민지원군 사령관이 서명한 군사정전협정(Military Armistice Agreement)이 1953년 7월 27일 발효되었다. 동시에 전 전선에서 포화가 멈추었다.

이때부터 유엔군과 공산군은 6.25전쟁 발발 이전에는 38선이라는 하나의 선을 사이에 두었던 것과는 달리 한반도의 허리 부분을 가로지르는 155마일 길이의 군사분계선 남북 양측으로 각각 2킬로미터 폭으로 획정된 비무장지대를 사이에 두고 대치하게 되었다.

군사정전협정은 그러나 '정화(停火)'에 관한 합의이지 평화협정이 아니었고 협정은 제60항에서 "휴전 발효 후 3개월 이내에 쌍방 간의 한 급 높은 정치회담을 개최하여 외국군 철수와 한반도 문제의 평화적 해결문제를 협의할 것"을 건의했다.

이에 따라 1954년 4월부터 6월까지 스위스 제네바에서 유엔군 측을 대표한 참전 15개국(남아공화국 불참) 및 한국과, 공산군 측을 대표한 북한과 중국 및 소련이 참가한 19개국 정치회담이 개최되었다. 그러나 이 회담은 현안문제에 관한 아무런 실질 논의도 하지 못한 채 결렬되었다. 그 결과로 한반도에서는 "전쟁도 아니고 평화도 아닌" 휴전상태가 그로부터 60년이 지난 지금까지도 지속되고 있다.

3장
6.25전쟁의 여러 양상

쌍방의 인명 손실

이 전쟁으로 한국군이 입은 인명 손실은 민간인 사망이 37만 3,599명, 군인 사망이 13만 7,899명이었다.[82] 미국 국방성 자료에 의하면 6.25전쟁 중 발생한 미군의 사상자는 전사 3만 3,686명, 비전투 사망 2,830명이고, 8,176명이 실종 처리되었다.[83] 서방 측 추계에 의하면 중국군 사망자는 약 40만 명이고, 북한군은 사망 21만 5,000명, 부상 30만 3.000명의 인명 피해를 입었다.[84]

중국의 공식 통계에 의하면 중국군은 전사 11만 4,000명, 비전투 사망 3만 4,000명, 부상 34만 명, 실종 7,600명 외에 2만 1,400명이 유엔군 포로로 붙잡힌 것으로 되어 있다.[85] 2만 1,400명의 중국군 포로 중 중국으로 귀환한 수는 7,110명이고 나머지 약 1만 4,000명은 타이완행을 선택했다.[86] 중국 측 통계에 의하면 북한군은 29만 명이 전사하고, 9만 명이 유엔군 포로로 생포되었으며, 그에 더하여 '많은 수'의 민간인 희생자가 발생했다.[87] 같은 중국 측 통계는 39만 명의 미군과 66만 명의 한국군 및 2만 9,000명의 유엔군이 전투 중 '제거' 되었다고 주장하고 있다.[88]

기갑전

전쟁 초기 북한군의 위력은 소련제 T34 탱크에 힘입은 것이었다. 120대의 T34 탱크로 구성된 제105탱크사단이 전쟁 초기 북한군의 일방적 공세를 선도했다. 전쟁이 진행됨에 따라 북한군은 소련으로부터 추가적인 탱크를 공급받았다. 전쟁 초기 북한군 탱크에 대한 유엔군의 유일한 대항수단은 공습뿐이었다.

그러나 1950년 8월 이후 미군의 M4A3 중형(中型) 탱크와 M26 중형(重型) 탱크 및 영국군의 센추리온(Centurion), 처칠(Churchill) 및 크롬웰(Cromwell) 탱크가 전선에 투입되면서 기갑전의 주도권은 유엔군에

게로 넘어왔다. 9월 15일 유엔군의 인천상륙작전 이후 북한군은 유류와 탄약 등 군수지원이 마비되어서 보유하던 중장비들을 대부분 버린 채 북으로 도주했다. 북한군은 이 과정에서 239대의 T34 탱크와 74대의 SU76 자주포(自走砲)를 상실했다.

중국군이 참전한 후 1951년 중반부터 한반도 허리 부분에 전선이 고착되었다. 그 상황에서 지속된 참호전 상황에서 더 이상 기갑장비를 이용한 전투는 전개되지 않았고 유엔군의 경우 이 기간 중 탱크는 주로 보병지원 화력으로 사용되었다.

공중전

전쟁 초기 유엔군의 P80 슈팅스타(Shooting Star)와 F9F 팬더(Panther)를 비롯한 제트 전투기종들이 제공권을 장악하여 북한 공군의 소련제 Yak9 및 La9 등 프로펠러 전투기를 북한 상공에서 몰아냈다. 그러나 전쟁 중반 소련제 Mig15의 출현으로 미 공군기들의 제공권은 한때 도전에 직면했다. Mig15는 한동안 P80 등 유엔군의 1세대 제트 전투기들을 제압했지만 미 공군이 1950년 12월부터 Mig15보다 상승력은 빠르지 않은 대신 회전력과 하강력이 더 우수한 F86 세이

버(Sabre)를 투입함으로써 제공권을 재탈환했다.

한국전쟁 중 미 공군의 실제 상대는 북한 공군이 아니라 소련 공군과 중국 공군이었다. 특히 미국 공군의 F86 편대는 거의 매일처럼 압록강 상의 '미그 회랑(Mig Alley)'에서 미 공군의 B29 폭격기를 요격하기 위하여 출격한 소련 공군 및 중국 공군의 Mig15 편대와 공중전을 전개했다.

이 공중전의 승자인 F86은 격추율(Kill Ratio)에서 10대1의 비율로 Mig15를 압도했다. F86은 78대의 손실을 입은 반면, 공산군 측의 Mig15 792대와 여타 기종 항공기 108대를 격추시킨 것으로 유엔군은 집계했다.

미 공군은 한국전쟁에 P51 무스탕(Mustang)과 F4U 코르세어(Corsair) 등 프로펠러 추진 전투기도 출전시켰지만 이들은 금방 제트기들에 밀려서 주력 전투기로서 역할을 상실하게 되었다. 불과 20대의 경비행기를 보유하고 전쟁을 맞이해야 했던 대한민국 공군은 전쟁 진행과 더불어 79대의 프로펠러 추진 P51D 무스탕 전투기를 주축으로 1개 비행단(Wing)과 3개 비행대(Squadron)로 편성된 110대의 항공기를 보유하게 되었다. 한국 공군기들은 공중전보다는 지상목표에 대한 폭격을 위한 단독 출격을 주로 실시했다.

4장
미국의 원자탄 사용 검토

중공군의 한국전쟁 참여가 현실로 확인된 무렵인 1950년 11월 30일 트루먼 대통령은 기자회견에서 "미국은 항상 (원자탄의 사용을) 검토해 왔다."고 밝히고 "실제 사용 여부는 현지 군 사령관이 결정할 일"이라고 말하여 국제사회에 충격을 안겨 주었다.[89] 그해 12월 4일 영국 노동당 정부의 클레멘트 애틀리(Clement Atlee) 수상과 프랑스의 르네 플레방(Rene Pleven) 수상은 트루먼 대통령을 만나서 핵전쟁 가능성에 관한 그들 나라의 우려를 전달했다.[90] 미국의 합동참모본부는 영국의 애틀리 수상에게 "미국은 유엔군의 전면적 철수나 그 밖의 '중대한' 군사적 참패를 모면하기 위하여 필요한 경우에 한하여 핵무기 사용을 고려할 것"이라고 말할 것을 트루먼 대통령에게 건의했다.[91]

중국군의 참전으로 북한으로부터의 유엔군 철수가 본격화될 무렵인 1950년 12월 6일 도쿄에서는 로턴 콜린스(Lawton Collins) 미 육군 참모총장, 맥아더 원수(元帥), 조이(C. Turner Joy) 미 제7함대 사령관, 조지 스트레이트마이어(George Stratemeyer) 미 제5공군 사령관 및 도일 히키(Doyle Hickey) 소장, 찰스 윌로비(Charles Willoughby) 소장, 에딘 라이트(Edwin Wright) 소장 등 맥아더 장군의 참모들이 회의를 열고 한국전쟁의 예상되는 3개 진행 시나리오를 검토한 끝에 "중국군의 전면 공격이 지속되는 가운데 유엔군의 중국에 대한 봉쇄와 타이완의 자유중국군의 한국전쟁 투입 및 미 본토 병력의 대규모 한국전쟁 투입이 1951년 4월까지 실현되지 않을 경우에는 북한에 대한 원자탄 사용을 고려할 수 있다."는 양해사항에 합의했다.[92]

그러나 미 국방성과 국무성은 북한에 대한 원자탄 사용에 대해 "중국과의 전면전이 초래될 수 있다."는 이유로 시종일관 부정적이었다.[93] 리지웨이 유엔군사령관에게는 "북한의 우방으로부터 '대규모 공중 공격'이 감행될 경우"에 원자탄을 사용할 권한이 부여되었다.[94]

1953년에 취임한 아이젠하워 대통령도 한반도에서의 원자탄 사용에 대하여 회의적이기는 마찬가지였다. 결국 한국전쟁은 미국에 의한 원자탄 사용 없이 휴전의 방법으로 1953년에 종결되었다.

그러나 주한미군은 6.25전쟁이 휴전의 형태로 정지된 한참 후인 1958년부터 여러 가지 종류의 전술 핵무기를 한반도에 도입하여 1991년까지 33년간 이들 전술 핵무기들의 한반도 배비(配備)를 계속했다.[95] 미국이 전술 핵무기를 한반도에 도입한 이유는 휴전 이후 북한 측이 정전협정을 위배하면서 육·해·공군 전력을 대대적으로 증강하는 데 대처하면서 주한미군의 규모를 감축하기 위한 고육지책(苦肉之策)이었다. 주한미군 보유 전술 핵무기는 질적, 양적으로 계속 증강되어 피크에 이르렀던 1960년대에는 8기종의 상이한 전술 핵무기 운반체가 한반도에 배치되기도 했다.[96]

이들 전술 핵무기 운반체의 한반도 배치는 1958년부터 시작되어 처음에는 '어네스트존(Honest John)' 지대지 미사일, '마타도어(Matador)' 순항미사일, ADM(Atomic Demolition Munition) 핵지뢰, 280밀리 포 및 8인치 곡사포 등 5개 기종이 도입되었다.[97] 1958년 3월에는 전투기 탑재용 핵폭탄이, 1962년과 1963년 사이에는 '라크로스(Lacrosse)' '데이비 크로켓(Davy Crocket)' '서전트(Seargent)' 등 지대지 미사일들이, 1961년에는 '나이크 허큘레스(Nike Hercules)' 대공 및 지대지 겸용 미사일이, 그리고 마지막으로 1964년에는 155밀리 곡사포가 도입되었고 가장 많을 때는 도합 950개의 핵탄두가 남한 땅에 배치되었던 것으로 기록되어 있다.[98]

이들 가운데 1991년까지 계속 남한 땅에 남아 있었던 핵무기 운반체는 8인치 및 155밀리 곡사포였다.[99] 다른 한편 주한 미 공군은 제8전투비행단 소속 4대의 F4D 팬텀(Fantom) 제트기 편대가 미 태평양공군의 '신속대응전력'의 일부로 핵폭탄을 날개에 장착한 채 군산 비행장의 이륙장에 상시 대기하는 체제가 계속 유지되었었다.[100] 미 공군은 한국의 군산 비행장과 일본 오키나와의 가데나(嘉手納) 기지 및 필리핀의 클라크 기지를 미 공군 보유 전술 핵전력의 3각 전개 기지로 활용했으며 공군 보유 핵폭탄은 괌 기지에 고정적으로 저장했다.[101] 랜스(Lance) 유도탄도 남한 땅에 배치되었지만 장착된 탄두는 재래식 탄두였으며 핵탄두는 역시 괌에 저장되어 있었다.[102]

남한의 핵탄두 저장소는 대전 근교의 '캠프 에임스(Camp Ames)'와 군산 공군기지 및 오산 공군기지였다. 그러나 오산 기지의 핵탄두 저장시설은 1977년 해체·철거되었고 나머지 저장소의 보유 핵탄두도 계속 감소되어 1976년에는 540개였던 핵탄두와 폭탄이 1985년에는 150개로 줄었다. 결국 1991년 9월 아버지 부시 대통령이 전 세계의 해외 배비 전술 핵무기 철수를 선언하면서 남한 땅에 남아 있던 약 100개의 핵무기들은 1991년 12월까지 전량 제거되었다.[103]

5장
전쟁범죄

민간인 학살

6.25전쟁은 동족상잔의 전쟁으로 기간 중 남북 쌍방에 의한 민간인 학살이 자행됨으로써 전쟁의 비극성이 더욱 강조되게 되었다. 전쟁 초기 북한군의 남침으로 남쪽으로의 후퇴가 급속도로 진행되는 과정에서 대전 이남의 지역에서는 도처에서 다수의 이른바 '보도연맹' 맹원들이 '공산주의 동조자'로 지목되어 대한민국의 군경과 우익단체들에 의하여 살해되는 일이 발생한 것으로 기록되었다.

1951년 2월 경상남도 지리산 지역에서는 공비 토벌작전을 벌이던 국군 제11사단이 그 지역의 주민 다수를 '공산주의 동조자'로 간주하여 학살하는 엽기적인 사건이 발생했다. 이른바 '거창학살'과 '산청·함양학살' 사건이 그것들이었다.

이에 반하여 남한에 진주한 북한의 점령군 쪽에서는 정치인, 학자, 관리 및 종교인들을 포함한 다수의 교육받은 남한 지식인들을 '인민재판'이나 그 밖의 집단학살의 방법으로 살해했고 수만 명을 북한으로 납치해 갔다. 어느 집계에 의하면 이처럼 북한 측에 의하여 학살된 남한 사람들이 50만 명에 이르며 이들 가운데 상당수는 이른바 '의용군'으로 끌려 나가 죽음을 맞이한 청소년들이었다.[104]

전쟁 초기 북한군은 전투 도중에 민간인 복장으로 위장한 '편의대(便衣隊)' 대원들로 하여금 피난민 대열에 섞여서 유엔군의 방어진 후방으로 잠입시켰다. 이들이 유엔군을 공격하는 사례가 빈번해짐에 따라 유엔군 병사에게는 "피난민을 만나면 먼저 사격하고 다음에 정체를 규명하라(Shootfirstandaskquestionslater)."는 작전명령이 하달되었다. 그로 인한 민간인 학살 사례도 빈번했다.[105] 충청북도 영동의 한 철교 밑에서 미군의 사격으로 400명 내외의 민간인 사망자가 발생한 '노근리 사건'은 그 대표적 사례다.

포로들의 학대

북한군이 대전과 낙동강 교두보 전투 기간 중 많은 국군과 유엔군 포로들을 생포 현장에서 살해했다는 사실이 유엔군의 전투 후 소탕 작전과정에서 확인되었다. 전쟁 기간 중 자행된 북한군에 의한 잔학 행위에 대한 조사를 실시한 미국 상원 정부활동위원회 상설 조사분 과위원회인 '한국전쟁 잔학행위 조사소위'의 보고서는 "한국전쟁 기 간 중 사망한 미군 포로의 2/3는 전쟁범죄 행위를 통하여 살해된 것 으로 판명되었다."는 조사 결과를 공개했다.[106]

중국군은 북한군과 달리 포로들을 학살하지는 않았지만 1950년 에서 1951년 사이 많은 미군 포로들이 기아와 질병으로 사망하도록 방치하는 일이 많았다. 이 기간 중 약 43퍼센트의 미군 포로들이 사 망한 것으로 판명되었다. 중국군은 그 원인이 중국군의 마비된 군수 지원 체제에 있었다고 사후에 변명했지만 미군 측의 조사 결과 이들 중의 상당수는 중국 측의 '정치세뇌(政治洗腦)'를 거부한 데 대한 보복 으로 음식이 제공되지 않아 굶어 죽은 것으로 판명되었다.[107]

북한군이 억류했던 한국군 포로 가운데 5만 명 내지 8만 명이 송 환되지 않고 사라졌다. 북한 측은 그 같은 사실을 송두리째 부정했 지만 때로는 "상당수의 국군포로가 유엔군의 공습으로 사망했다."

거나 "수 미상(數未詳)의 많은 국군포로들이 잡힌 현장에서 석방되었으며 그 외의 수 미상의 국군포로들은 포로로 잡힌 것이 아니라 북한에 의거(義擧), 귀순(歸順)한 뒤 자의(自意)로 북한 잔류를 선택한 사람들"이라는 억지 주장을 펼쳐 왔다. 그러나 1994년 이후 북한에 억류되었던 국군포로들의 탈북 행렬이 이어지면서 북한에 의한 국군포로 억류의 전말이 소상하게 밝혀지고 있다. 한국 통일부에 의하면 2010년까지 도합 79명의 국군포로들이 탈북하여 한국에 도착하는 데 성공하고 있다. 한국 정부에 의하면, 최소한 500명의 미귀환 국군포로들이 북한 땅에서 아직 생존을 유지하고 있는 것으로 확인되고 있다고 한다.[108]

국민방위군 사건

한국정부는 중국군의 참전으로 전세가 불리해지면서 중국군 및 북한군을 상대하기 위한 예비병력의 확보에 어려움을 겪게 되자 1950년 12월 전국적으로 40만 6,000여명의 청년들을 '제2국민병'으로 징집하여 이들로 '국민방위군'으로 편성했다. 그러나 1951년 1월부터 2월 사이에 이들 '제2국민병'들을 남쪽으로 이동시키는 과정에서 김윤근(金潤根) 사령관, 윤익헌(尹,益憲) 부사령관과 박기환 보급과장 등 간부들이 군수 보급 물자를 착복, 횡령함으로써 9만 명 내지 12만 명의 장정들이 굶어 죽는 사건이 발생했다.

이 사건으로 김윤근, 윤익헌, 박기환 등 관련자들이 군법회의의 판결을 통하여 사형에 처해졌다. 그러나 이로써 촉발된 정국의 동요로 신성모(申性模) 국방부장관이 낙마하고 이윤영(李允榮) 부통령이 사퇴하는 정치적 소동이 벌어졌으며 이승만 정부로부터 민심이 이반되는 결과를 초래했다.

6장
군사정전협정의 사문서화
– 마비되는 정전 체제

1953년 7월 27일 발효된 한국전쟁 군사정전협정의 핵심조항은 휴
전협정 발효 이후 남북 쌍방의 군사력을(병력과 장비 모두) 휴전 시점의
규모로 동결하고 1대1 비율로 기존 병력과 장비를 교체하는 것을 제
외하고는 외부로부터의 신규 반입을 엄격하게 금지하는 것이다.

협정은 이 조항들의 이행을 감독하기 위하여 유엔군 측이 선택한
스위스 및 스웨덴과 공산군 측이 선택한 폴란드 및 체코슬로바키아
등 4개국으로 '중립국감독위원회(中立國監督委員會, 중감위)'를 설치했다.
위원회는 남한의 인천, 대구, 부산, 강릉, 군산 등 5개 지점과 북한의
신의주, 청진, 흥남, 만포, 신안주 등 5개 지점에 중감위 소조(小組)를
주둔시켜 병력과 장비의 이동을 엄격하게 감시, 통제하도록 하고 있

었다.

그러나 협정이 발효되자마자 문제의 제2조 13항 (다)목 및 (라)목은 즉각 휴지조각이 되었다. 공산군 측이 이 조항들을 난폭하게 위반하기 시작했기 때문이다. 북한은 소련과 중국의 도움으로 괴멸되었던 군사력을 대대적으로 증강하기 시작했다.

공산군 측은 군사장비의 신규 반·출입을 감시·통제하는 임무를 지닌 북한지역 배치 중감위 시찰소조의 활동은 방해·봉쇄했다. 그리고 남한지역에 배치된 자기 측 중감위 시찰소조를 간첩활동에 공공연하게 종사시켰다.

이러한 불법행위를 자행하는 데 반발한 UN군 측은 1957년 6월 21일 군정위 제75차 본회의에서 정전협정의 해당 조항인 제2조 13항 (라)목의 '잠정 폐기'를 선언[109]했으며 이로써 중감위의 기능은 사실상 반신불수가 되고 말았다. 13항(라)목이 효력을 상실함에 따라 군사정전협정은 오직 판문점의 '공동경비구역'에서 어느 일방의 요구가 있을 때면 회의가 소집되는 '군사정전위원회(군정위)' 형식으로 명목상의 존재만을 유지하게 되었다.

공산군 측이 주도하는 가운데 '비무장지대'는 이름과는 달리 합의된 범주를 벗어나는 중화기의 도입으로 전 세계에서 가장 무겁게 '중무장'된 지대로 변모하고 있었다. 유엔은 1975년 총회 결의로 군사정전협정을 '평화협정'으로 대체하고 유엔군사령부를 해체할 것을 요구[110]했으며 1996년 10월에는 안보리 의장성명을 통해 "평화협정에 의하여 대체될 때까지 군사정전협정을 엄격하게 이행할 것"을 요구[111]했지만 이들 요구는 쇠귀에 경 읽기가 될 수밖에 없었다.

판문점의 공동경비구역 내로 그 행동반경이 제한된 채로 명목상의 기능만을 유지해 오던 중감위는 그나마도 1990년대 초 동유럽 공산체제가 자유화되자 북한이 본래 자기 측 중감위 멤버였던 폴란드와 체코 대표단을 북한지역으로부터 축출[112]하고 판문점 공동경비구역 내의 중감위 회의실을 일방적으로 폐쇄하여 사실상 그 '명목상의 기능'마저도 정지되었다.

1) 정전협정의 집행 2) 공동감시소조의 운영 3) 정전협정 위반사건의 협의·처리라는 군정위 본래의 기능 수행이 마비된 것은 군정위 활동 개시 직후부터였다. 그동안의 통계를 보면 군정위는 도합 460회의 '본회의'[113]와 508회의 '비서장회의'[114]를 개최했다. 그 가운데 '본회의'의 경우를 보면 전체 소집회수의 74퍼센트인 341회가 북한 측의, 그리고 26퍼센트인 119회가 UN군 측의 요구로 소집되었다.[115] 여기서 다루어진 정전협정 위반사례는 군정위의 통계가 누락되어 있는 1980년 10월부터 1985년 12월까지의 기간을 제외한 전 기간을 통하여 UN군 측이 주장한 북한 측 위반사례가 35만 2,427

건, 북한 측이 주장한 UN군 측 위반사례가 62만 283건에 달한다. 그 가운데 UN군 측이 '시인'한 위반 건수는 100건인 반면 북한 측이 '시인'한 위반 건수는 단 2건에 불과하다.[116]

이 같은 위반 건수 통계는 마치 UN군 측이 상습적으로 협정을 위반하고 있다는 그릇된 이미지를 조성하여 여론을 기만하고 있다는 것을 말한다. 아울러 북측은 도발 사건을 일으킬 때마다 적반하장으로 군정위 '본회의' 또는 '비서장회의' 소집을 요구하고 UN군 측 위반 사례를 조작·고발함으로써 사건에 대한 책임을 UN군 측에 전가시켜 왔다.

북한은 1990년대 초 핵문제를 놓고 미국과 쌍무회담의 길이 열리자 이를 이용하여 '평화보장 체제'라는 명분으로 기존 정전협정을 대체하는 '평화협정'을 미국과 쌍무조약으로 체결하기 위한 책략을 노골화시켰다. 물론 한국의 참여는 철저히 배제한 가운데였다. 이 같은 책략을 뒷받침하기 위해 북한은 군정위 기능을 마비시키고 나아가 정전협정을 사문화(死文化)시키기 위해 조직적으로 책동하기 시작했다.

한미 양국은 북한의 대미 평화협정 체결 주장의 논거를 차단하기 위하여 군정위의 '한국화'를 추진하면서 그 일환으로 군정위 수석대표에 미군 장성을 임명하던 관례를 깨고 1991년 3월 25일 한국군

황원탁(黃源卓) 소장을 임명했다. 그러자 북한은 이를 기회로 쌍방 군정위 수석대표 명의의 전화통신문과 서신 교환 및 군정위 '본회의' 소집을 거부하는 등 군정위의 기능을 전면적으로 마비시키기 시작했다.

북한은 미국과의 '평화협정' 체결에 앞서 쌍방 간에 (역시 한국은 배제시킨 가운데) 과도적인 '평화보장 조치'를 마련하자는 제의를 들고 나왔다. 북한이 말하는 과도적 '평화보장 조치'란 미국과 북한 사이에 '평화협정'을 체결하기에 앞서서 군정위를 없애고 그 대신 북한과 미국이 판문점에 '군사대표단'을 설치하여 쌍방 '군사대표단' 간에 쌍무회담을 열어 당분간 정전협정 이행문제를 협의하자는 것이다. 이 같은 북한의 움직임은 정전협정의 지위에 대한 미국 측의 불안감을 자극·유발하여 결국은 이 문제에 관한 쌍무회담을 수락하도록 미국에 압력을 가하는 것이었다.

북한 측이 거론하는 '평화보장 체제' 및 '평화보장 조치'와 관련하여 유의해야 할 중요한 착안점이 있다. 그것은 1953년 7월 27일 정전협정이 발효된 이래 오늘에 이르기까지 한반도에서 전쟁이 재발하지 않았던 이유는 결코 정전협정과 이에 근거한 군정위와 중감위의 활동 때문이 아니라는 사실이다. 그보다는 한국군과 주한미군이 효과적인 전쟁억지력으로 북한군과의 군사력 균형을 유지하면서 무력도발을 억지해 왔기 때문에 전쟁이 재발하지 않았다는 것이 맞다.

그럼에도 불구하고 북한은 최근 소위 '평화보장 조치'와 '평화협정'만 있으면 전쟁은 재발되지 않는다는 도식화된 허구적 단순논리를 앞세워 궁극적으로는 주한미군 철수와 한미 연합방어 체제의 파괴에 목적을 둔 위장 평화공세를 전개해 왔다.

하지만 이 같은 집요한 위장 평화공세에 농락당한 한미 양국의 일부 여론계층에서는 이러한 북한의 평화공세를 일부 수용하고 이를 역이용하여 북한의 변화를 유도하자는 본말전도의 위험한 발상이 거론되고 있기도 하다.

1992년 2월 19일 제6차 남북고위급회담에서 합의하여 발효된 '남북 간의 화해와 불가침 및 교류·협력에 관한 합의서(이하 '기본합의서'로 약칭)' 제5조에 문제의 '정전체제' 문제가 언급된 사실에 주목할 필요가 있다. '기본합의서'는 제5조에서 "남과 북은 현 '정전상태'를 남북사이의 공고한 '평화상태'로 전환시키기 위하여 공동으로 노력하며 이러한 '평화상태'가 이룩될 때까지 현 군사정전협정을 준수한다."라고 규정하고 있다. 이 조항에 대한 협상 단계에서 우리 측은 '정전협정'과 이를 대체할 '평화협정'의 주 당사자가 남북한임을 분명히 하려 했다. 이를 위하여 우리 측은 합의서의 문면에 '정전 체제'와 '평화 체제'라는 표현을 명백하게 표기하려 했었다.

그러나 북한은 미국과 북한 사이의 '평화협정' 체결 주장의 논거 유지를 위하여 문제의 제5조 설정 자체에 반대했다. 하지만 결국 문제의 조항을 설정하는 데 동의하는 대신 '평화 체제'가 아닌 '평화상태'라는 표현을 사용하는 것에 성공했다. 결국 북한은 "'평화 체제'의 주체는 남북한"이라는 우리 측 주장에 "남북한이 아니라 북한과 미국이 주체"라고 상이하게 주장하는 상호 편의주의적 해석의 여지를 묻어 두는 데 성공했다.

북한은 그들의 핵무기 개발 의혹을 놓고 국제사회와 갈등을 일으키는 과정에서 1990년대 중반부터는 일방적인 군사정전협정 무효화 선언을 수없이 반복하여 오늘에 이르고 있다. 이 같은 북한의 일방적인 군사정전협정 무효화 선언은 1994년, 1996년, 2003년, 2006년, 2009년, 2013년에 거듭 이루어져 왔다.

북한은 2013년 3월 11일에는 "오늘로 조선전쟁 정전협정이 완전히 백지화되었다."고 선언하면서 "판문점 남북연락사무소간의 직통전화 운영의 즉각 차단"을 단행했으며,[117] 3월 26일에는 "미국과 남조선의 도발 책동으로 조선반도에 일촉즉발의 핵전쟁 상황이 조성되었다."고 유엔 안보리에 "공개 통보"[118]하는 한편, 3월 30일에는 "이 시각부터 북남관계는 전시상황"이라고 선언[119]하기도 했다.

북한의 군사력 증강과 계속되는 북한의 무력도발

1953년 휴전협정 발효 이후에도 북한은 무력에 의한 적화통일 야욕을 포기하지 않았다. 그 결과 북한은 쌍방 군사력을 휴전 당시 수준으로 동결하기로 한 휴전협정을 무시하고 대대적인 군사력 증강을 추진했다. 북한은 1962년 12월 조선노동당 중앙위원회 제4기 전원회의에서 이른바 '4대 군사노선(① 전 인민 무장화, ② 전 국토 요새화, ③ 전 군 간부화, ④ 전 장비 현대화)'을 결정, 채택하고 이를 계기로 '조선노동당 군사위원회'(위원장 김일성)를 발족시켰다. 그리고 북한은 군수산업의 대대적 육성을 바탕으로 하는 군비 증강에 본격적으로 착수했다.

북한은 1961년부터 제1차 7개년 경제계획을 시작했으나 1966년 10월 노동당 제2차 당대표자회의에서의 김일성 '교시(敎示)'에 따라 이 계획을 무리하게 수정하면서 군수산업 위주의 중공업 우선정책과 이에 바탕을 둔 대대적인 군장비 및 병력 증강계획을 강행했다. 그 결과 북한은 7개년 계획의 기간을 3년이나 연장하고도 계획을 미완성으로 접는 차질을 감수했다.

북한은 이 같은 대대적인 군비 증강 노력의 일환으로 대남 침투 및 기습공격을 위한 비정규 특수전 전력을 대대적으로 강화하고 이를 이용하여 대남 군사도발을 끊임없이 계속해 왔다. 북한의 대남 무력도발은 1968년 1월 21일 제124군 부대 소속 무장공비들이 대담하게 서울 근교까지 침투하여 청와대 습격을 기도한 사건, 1968년 1월 23일 미 해군 정보함 푸에블로호(USS Pueblo)를 원산 앞바다에서 납치한 사건, 1968년 10월에서 11월 사이에 120여명의 북한 파견 제124군 부대 소속 무장공비가 울진·삼척 지역에 침투했다가 소탕된 사건, 1969년 4월 15일 미 공군 첩보기 EC121기가 격추된 사건 등으로 1968~1969년 사이 절정에 이르렀다.

북한의 대남 무력 및 폭력 도발은 1971년에서 1973년 사이의 남북대화 기간 중 한때 잠잠해졌다. 하지만 1973년 남북대화의 중단과 더불어 다시 속개되어 1974년 8월 15일에는 서울에서의 광복절 경축식장에서 문세광(文世光)이라는 재일교포가 박정희 대통령을 권총으로 저격하려다가 대통령 부인 육영수 여사의 목숨을 빼앗아가는 사건이 일어났다. 이어 1976년 8월 18일에는 판문점 도끼 만행사건이 일어나고 1981년 8월에는 정찰 비행 중이던 미 공군 첩보기 SR71에 지대공 미사일을 발사하는 등의 도발이 잇달아 자행되었다.

1970년대 북한의 대남 도발의 압권은 DMZ를 가로지르는 남침용 땅굴의 굴착이었다. 북한의 DMZ 땅굴은 고랑포의 제1땅굴(1974년 11월 15일), 철원의 제2땅굴(1975년 3월 19일), 판문점의 제3땅굴(1978

년 10월 17일) 및 양구의 제4땅굴(1990년 3월 7일)의 순으로 세상에 모습을 드러냈다. 북한은 군단별로 일정 수의 남침용 땅굴을 배정하여 도합 23개 이상의 땅굴을 굴착하기 시작한 것으로 드러났으며, 그동안 발견된 4개 외의 땅굴들은 굴착이 중지되었거나 아니면 지금도 발견되지 않은 상태로 굴착이 진행 중일 가능성이 있다.

북한의 대남 도발은 육상에서는 무장공비 남파, 땅굴 굴착, 비무장지대 총격, 군사분계선 월선 등, 해상에서는 NLL 침범, 납치, 선박 포격 등, 공중에서는 항공기 납치 및 폭파, 영공 침범 등 다양한 형태로 자행되었다.

1980년대에 접어들면서 남북한 간의 경제발전 경쟁에서 남한이 북한을 추월하고 그 격차가 시간이 갈수록 커져 갔다. 이에 대한 북한의 신경질적인 반응은 더욱 격화되는 대남 무력 및 폭력도발의 형태로 모습을 드러냈다. 북한은 1983년 10월 9일 미얀마를 국빈 방문 중인 전두환(全斗煥) 대통령을 노리고 아웅산 국립묘지 폭파를 저질렀다. 이를 통해 17명의 대한민국 고위관리들이 폭사당했다.[120] 1987년 11월 29일에는 1988년에 열리는 제24회 하계 서울올림픽 개최를 방해할 목적으로 대한항공 858기를 공중 폭파시켜 115명의 중동 진출 노무자 탑승객들과 승무원들의 목숨을 빼앗는 만행을 자행했다. 1996년 9월에는 13명의 북한 무장공비가 상어급(350톤급) 잠수함을 타고 속초지역에 침투했다가 11명이 사살되고 1명이 생포, 1명이 도주하는 사건이 발생했다. 1998년 6월에는 조선노동당 작전부 산하 연어급 잠수함이 속초 근해에 침투했다가 좌초된 끝에 승조원과 공작원 9명이 함 내에서 자살한 사건이 발생했다.

북한은 또한 1970년대 초반 대대적으로 증강한 해군력을 등에 업고 특히 서해상에서 1953년 휴전 직후 유엔군이 선포한 남북 간 사실상의 해상 경계선인 '북방한계선'을 무력화시키기 위한 해상 도발을 격화시키기 시작했다. 서해상에 북한 측이 주장하는 12마일 영해론에 입각하여 북한은 1973년 '해상 군사분계선'을 일방적으로 선포했다. 그리고 북한 해군 함정을 NLL과 북한이 선포한 '해상 군사분계선' 사이의 수역으로 진입시키는 방식으로 해상 도발을 격화해 왔다. 이 과정에서 북한은 1999년 6월의 제1차 연평해전, 2002년 6월의 제2차 연평해전, 2009년 11월의 제3차 연평해전을 도발한 데 이어 2010년 3월에는 백령도 근해에서 잠수함의 어뢰 공격으로 해군 호위함 천안함을 폭침시키고, 같은 해 11월 대낮에 해안포로 연평도를 포격하는 도발을 자행했다.

북한이 개발·생산했다고 주장하는 실체 불명의 핵무기와 장거리 유도탄을 이용해 2000년대 초부터 북한은 미국과 한국을 겨냥한 '핵 공갈'의 수위를 계속 끌어 올려 한반도의 군사적 긴장을 더욱 고조시켜 왔다. 북한은 그동안 세 차례의 지하 핵실험(2006년 10월 9일, 2009년 5월 25일, 2013년 2월 12일)과 네 차례의 장거리 유도탄 시험발사(1993년, 2006년, 2009년, 2013년)를 실시하고 이를 이용한 '미국 본토 공격' 가능성을 공공연하게 거론해 왔다. 이로써 미국과 국제사회를 협박하는 한편 스커드 미사일, 노동 미사일과 그 밖에 실체가 드러나지 않은 '신형 유도탄(?)'를 빈번하게 시험 발사하면서 대한민국을 공갈·협박하는 작태를 반복하고 있다.

7장
휴전 체제 하에서의 남북한 변화

1953년 휴전 이후 남북한은 그들이 각기 선택한 상반된 이념과 정책노선에 입각하여 각기 발전을 추구하면서 사활을 건 체제경쟁을 전개해 왔다. 대한민국의 선택은 정치적으로는 자유민주주의, 경제적으로는 자본주의 시장경제였으며 이를 바탕으로 경쟁사회와 개방 및 국제화를 추구했다. 반면 북한의 조선민주주의 인민공화국은 정치적으로는 공산주의 일당독재, 경제적으로는 사회주의 계획경제에 바탕을 둔 명령사회와 폐쇄 및 고립화를 추구했다.

휴전 이후 대한민국은 1953년 **'한미상호방위조약'**의 체결을 통하여 안정된 국가안보의 토대를 이룩했고 1960년 4·19학생의거를 전환점으로 정치적 민주화의 길을 개척하기 시작했다. 대한민국의 민주주의는 1961년의 5·16 군사쿠데타의 결과로 정치적으로는 20년 가까이 역류하여 '권위주의' 시대의 진통을 겪어야 했지만 그동안 정부는 민주주의의 일시 유보를 담보로 경제건설 정책을 적극 주도하고 추진했다. 대한민국은 1965년부터 1973년까지 계속된 국군을 베트남에 파병하고 이어 중동지역 건설 진출이 성공해 경제도약의 발판을 구축했다. 이에 따라 1980년대 말부터는 경제적 번영의 토대 위에 정치적 민주화를 개화시키는 데 성공하여 경제는 물론 정치 분야에서도 세계 선진국 대열 진입을 이룩해 냈다.

대한민국은 베트남전쟁 기간 중에 국민총생산(GNP)이 5배 성장해 '한강의 기적'이라 일컬어지는 산업화와 근대화를 이룩했고 2010년대에 들어와서는 전 세계를 대상으로 하는 '한류'의 문화적 바람을 불러일으키고 있다.

이에 반하여 북한은 스탈린식 '1당독재'로 출발했던 공산당 독재가 김일성의 '1인독재' 단계를 거쳐 봉건왕조의 유물인 '권력의 세습 후계' 체제로 낙후(落後) 일로를 걸었다. 그러면서 정치, 경제, 문화, 외교 등 모든 영역에서 완전하게 경쟁력을 상실했고 시대착오적인 개인숭배, 모든 기본권의 박탈, 엄격한 사상 통제 및 정치범 수용 등 전근대적 수법을 총 동원한 폭정으로 주민을 통제하는 국제적 미아(迷兒)로 전락해 버렸다.

〈표 4〉 남북한의 주요 경제지표 비교 (2014)

구분		단위	남한(A)	북한(B)	A/B
인구		천명	5만 220	2만 4,545	2
명목 GNI		조원	1,441.20	33.8	42.6
두당 GNI		만원	2,870	138	20.8
경제성장률		%	3	1.1	
대외경제	무역 총액	억달러	1만 752.2	73.4	146.5
	수출	억달러	5,596.30	32.2	173.8
	수입	억달러	5,155.90	41.3	124.8
	대미환율	원/달러	1,095.04	99.7	-
예산 규모		억달러	2,257	67.6	33.4
에너지산업	석탄생산량	만톤	182	2,660	0.1
	발전용량	만킬로미터	8,697	724	12
	발전량	억킬로와트시	5,171	221	23.7
	원유도입량	만배럴	9만 1,508	424	215.8
농수산물 생산량	곡물	만톤	483.3	N.A.	
	쌀	만톤	423	N.A.	
	수산물	만톤	313.5	74.9	4.2
광산물 생산량	철광석	만톤	60.6	548.6	0.1
	비철금속	만톤	23.9	9.2	2.6
주요 공산품 생산량	자동차	만대	452.1	0.4	1,130.30
	강철	만톤	6,606.10	121	54.6
	시멘트	만톤	4,730.20	660	7.2
	비료	만톤	257.7	48.5	5.3
	화학섬유	만톤	145.8	2.5	58.3
사회간접자본	철도 총연장	킬로미터	3,590	5,299	0.7
	도로 총연장	킬로미터	10만 6,232	2만 6,118	4.1
	항만하역능력 (2012)	만톤	10만 1,719	3,700	27.5
	선박 보유	만톤	1,358	73	18.6

※출처 한국은행 북한경제자료(http://www.bok.or.kr/broadcast.action?menuNaviId=2236)

북한의 경제는 6.25전쟁 전까지만 해도 남한의 경제를 크게 앞지르고 있었다. 그 원인은 무엇보다도 한반도의 지하자원 대다수가 북한지역에 편재(偏在)해 있기 때문이었다. 이 때문에 6.25전쟁 이전 한반도 산업구조는 '남농북공(南農北工, 남은 농업, 북은 공업)' '남경북중(南輕北重, 남은 경공업, 북은 중공업)'으로 북한에 일방적으로 편중되어 있었다. 그러나 그로부터 60여년이 지난 오늘 남북한의 체제경쟁 결과는 비교의 의미를 상실한 지 오래다.

휴전 이후 60년의 세월이 경과하는 동안 북한은 김일성, 김정일, 김정은으로 이어지는 3대의 권력세습을 축으로 전근대적 공산왕조를 건설하면서 조직적이고 체계적인 숙청(肅淸)이 지속되었고 이를 통해 10만 명 이상이 목숨을 잃은 것으로 추계되고 있다. 1997년에 간행한 『통계로 본 북한에서의 대량 학살: 추계와 계산 및 출처(Statistics of North Korean Democide; Estimates, Calculations and Sources)』에서 하와이 대학의 루돌프 럼멜(Rudolf J. Rummel) 교수는 1945년부터 1987년 사이 북한에서 강제노동과 정치범수용소 때문에 모두 합해 100만 명 이상이 목숨을 잃었다는 계산 결과를 제시했다.[121] 다른 학자들은 가장 최근의 북한 측 인구통계에 입각하여 최소한 24만명 내지 42만 명의 북한인들이 1990년대 중에 아사한 것으로 추산했으며, 1993년에서 2008년 사이 북한에서 60만 명에서 85만 명이 변사

(變死)한 것으로 집계[122]했다. 남한의 인류학자들에 의한 한 연구결과에 의하면 북한으로부터 중국으로 탈출한 18세 북한인들의 평균 신장은 같은 연령대의 남한인들에 비해 13센티미터가 작은 것으로 나타났다.[123]

2013년의 통계에 의하면 남북한의 경제력 격차는 GDP 기준으로 40(남)대1(북)이다.[124] 국제평가기관들은 북한의 2007년 현재 '민주주의 지수'가 세계 167개국 중 167위(『이코노미스트』), 2008년의 '언론자유 지수'가 세계 195개국 중 195위(『프리덤하우스』), 2009년의 '실패한 국가 지수'가 177개국 중 17위, 2008년의 '국가위험도 지수'가 185개국 중 185위인 것(『포린폴리시』, 『평화기금』)으로 평가했다. 같은 해 OECD가 평가한 북한의 국가위험도는 8개 등급 가운데 7년 연속으로 최하 7등급을 유지하고 있었다.

1988년 하계 제24회 서울올림픽의 성공적 개최의 여세를 몰아 "모스크바와 베이징을 거쳐 평양으로!"라는 구호를 앞세워 '북방정책'을 밀어붙여 소련 및 중국과의 국교를 수립하는 데 성공한 남한의 노태우 정부가 주도하는 가운데 남북한은 1990년 유엔 동시 가입을 이룩했다. 2012년 현재 남북한의 수교국가 수는 189개국(남)대 144개국(북)이다.

남북한은 모두 '핵비확산조약(Nuclear Nonproliferation Treaty, NPT)' 서

명국가였다. 하지만 북한은 1980년대 중반부터 비밀리에 독자적인 핵무기 개발을 추진하기 시작하여 국제사회와 마찰을 일으켜 오늘에 이르고 있다. 북한은 1994년 미국과 '제네바 합의(Geneva Agreed Framework)'를 생산하고 한동안 이에 의거하여 '한반도 에너지 기구(Korean Peninsula Energy Development Organization, KEDO)'를 통해 '경수가압형 원자로(Light Water Reactor)' 건설을 추진했다. 그러나 북한이 핵무기 개발을 포기하지 않음에 따라 KEDO 프로젝트는 중도에 난파했다.

그 뒤 이어진 미-북 양자회담, 남북한과 미국 및 중국이 참가하는 '4자회담'을 거쳐 2004년부터는 남북한과 미국, 중국, 일본, 러시아가 참가하는 '6자회담'이 중국 베이징에서 시작되었다. 그럼에도 북한의 완강한 핵무기 개발 포기 거부 자세 때문에 '6자회담' 역시 표류를 계속하는 중이다. 북한은 중국과 러시아를 포함한 국제사회의 반대에도 불구하고 지하핵실험과 장거리탄도탄 시험발사를 강행함으로써 국제사회와의 정면 대립을 이어가고 있으며 이 와중에 유엔 안보리는 그동안 제825호(1993), 제1540호(2004), 제1695호(2006), 제1718호(2006), 제1874호(2009), 제1887호(2009), 제2087호(2013) 및 제2094호(2014) 등 도합 8건의 안보리 제재 결의와 3건의 '의장성명(2006, 2009, 2012)'을 채택하여 북한의 핵 및 장거리 미사일 개발 포기를 강요하는 국제적 압력을 더해왔다.

북한은 한국 해군 초계함 천안함을 폭침(2010년 3월 26일)시키고 대낮에 연평도에 대한 포격을 감행(2010년 11월 23일)하는 등 대남 무력 도발로 대한민국과 국제사회의 압박에 저항하면서 지금도 여전히 "핵무기 개발과 경제건설을 병진(竝進)하겠다."는 입장을 고수하고 있다. 이에 대해 대한민국과 국제사회는 대한민국의 2010년 5월 24일자 '5·24 대북 교류협력 중단 조치'와 함께 "핵개발과 경제건설 병진은 절대로 허용할 수 없으며" "북한의 핵무기 보유를 인정하지 않겠다."는 강경한 입장을 고수하고 있어서 2009년에 중단된 베이징 6자회담의 속개 전망은 여전히 어둡다.

2014년의 시점에서 미국과 중국, 러시아, 일본 등 '베이징 6자회담' 참가국들은 대한민국과 함께 1) 북한에게 '핵보유국'의 지위를 부여할 수 없다, 2) '6자회담'의 부동(不動)의 목표는 "북한의 비핵화"다, 3) 북한이 주장하는 "핵무기 개발과 경제건설의 병진"은 결단코 허용할 수 없다는 입장을 공유하면서 북한의 "핵무기 포기"를 강요하는 국제적 압박을 계속하고 있다. 특히 2013년 후진타오(胡錦濤)로부터 국가주석 자리를 물려받은 시진핑(習近平)이 이끄는 중국의 새 지도부는 북한을 자극하는 것을 피하기 위하여 북한에 대한 직접적 압박을 가하는 것을 기피했던 그동안의 전통적 입장을 과감하게 탈피하여 2013년부터는 '기권' 또는 '반대'를 반복했던 과거와는 달리 유엔 안보리의 대북 제재 결의에 적극적으로 동참하는 변화를 보여주고 있다. 2013년 6월 오바마 미국 대통령과의 정상회담 자리에서 "북한이 핵무기 개발을 포기할 때까지 김정은을 만나지 않겠다."는 입장[125]을 밝힌 것으로 보도된 중국의 시진핑 주석은 그 뒤 대한민국의 박근혜 대통령과는 도합 5회의 정상회담을 개최하면서도 3대째의 세습 독재자로 등장한 북한의 새 지도자 김정은과는 단 한 차례의 대면도 허용하지 않는 단호한 모습을 보여 주고 있다.

2011년12월 사망한 김정일의 뒤를 이어 김정은에 의한 3대째 권력세습의 구축이 진행 중에 있는 북한은 2013년 12월에 발생한 김정은의 정치적 후견인 장성택(張性澤)에 대한 숙청극으로 인한 정치적 충격에서 헤어나기 위하여 아직도 진통 중에 있으며 여기에 경제적 난국으로부터의 탈출이 여의치 않은 가운데 특히 순탄치 않은 중국과의 관계가 설상가상(雪上加霜)이 되어서 많은 관측통들이 '급변사태(急變事態)'의 가능성을 점치는 어려운 상황이 지속되고 있다.

3부

진화하는
한미 안보동맹

1장
한미관계의 시초는
동맹이 아니라 점령관계

1945년 8월 15일 한반도가 일제의 식민통치로부터 해방되는 순간
부터 북한의 경우 구소련과의 관계가 그랬던 것처럼 38선 이남의 대
한민국과 미국 사이에는 불가분의 관계가 시작되었다. 그러나 이렇
게 시작된 한미관계의 시초는 동맹관계가 아닌 것은 물론 수평적 관
계도 아니었다. 1945년 8월 15일 한반도가 일본 제국의 식민통치로
부터 해방된 날부터 1948년 8월 15일 대한민국이 독립국가의 지위
를 획득할 때까지 남한에서의 미국의 존재는 일본을 대신한 '점령국'
의 그것이었다. 제2차 세계대전 종결과 더불어 미군이 남한 땅에 진
주한 목적은 남한 지역의 일본군의 항복을 수용하고 그들의 무장해
제를 시행하는 것을 목적으로 하는 군사적 점령이었다.

하지만 존 하지(John R. Hodge) 중장이 지휘하는 미 육군 제24군단 제7사단은 1945년 9월 8일 인천에 상륙하는 순간부터 아무런 사전 준비가 없는 상태에서 38선 이남지역의 치안과 질서유지를 책임지고 더 나아가 독립된 국가가 없는 상태에서 행정에 대한 책임을 수행하게 되었을 뿐만 아니라 1945년 12월의 모스크바 3상회의가 5년간의 신탁통치 실시를 결정하면서 한국인들의 임시과도정부를 구성하는 임무를 미·소 공동위원회에 맡겼기 때문에 북한 땅의 소련군과 마찬가지로 남한 땅에서 장차 한국인들의 독립국가 건설을 준비하는 정치적 조정자 역할을 담당하게 되었다.

소련군이 일정한 정치적 시나리오를 가지고 들어 와서 일사불란하게 이를 실천에 옮긴 북한의 경우와 달리 미군의 진주가 워낙 준비 없는 상태로 이루어진 남한에서는 미군 점령기간 중 수없이 많은 시행착오가 반복되어 오랫동안 한국인들로 하여금 그 여진(餘震)에 시달리게 만들었다. 미국은 소련과의 이견 때문에 1945년 12월 모스크바 3상회의에서 결정한 '전후처리' 방안에 의거한 한반도 문제 해결을 포기하는 대신 한반도에 '독립국가'를 건설하는 문제를 유엔을 통하여 해결하는 길을 선택했다.

이때 미국의 생각은 유엔에 의하여 독립을 이룩한 대한민국에게 "한반도 상의 유일 합법정부"로서의 위상을 부여하고 북쪽에서 독자적으로 출현한 '조선민주주의인민공화국'에게는 '합법적 지위'를 부여하는 것을 거부하는 것으로 한반도에서 손을 털겠다는 것이었다. 미국이 1949년 6월 이승만 대통령이 이끄는 대한민국의 격렬한 반대를 외면하고, 500명 규모의 '군사고문단'만 남겨 둔 채 주한미군의 철수를 단행한 것은 그러한 생각 때문이었다. 1950년 1월 20일에 있었던 애치슨 미 국무장관의 내셔널프레스클럽 연설은 미국의 그 같은 생각을 극명하게 드러내 준 것이었다.

그러나 역사는 미국의 그 같은 생각이 현실화되는 것을 허용하지 않았다. 바로 미국의 그러한 생각이 한반도에서는 6.25전쟁을 불러일으켰기 때문이다. 그리고 6.25전쟁은 다시 미국을 한반도로 불러들였다. 대한민국의 건국으로부터 6.25전쟁을 거쳐서 1953년 이 전쟁이 휴전 형태로 봉합될 때까지도 한미관계는 대한민국이 미국으로부터 일방적으로 제공되는 직접 원조에 의하여 생존을 유지하는 불평등 관계였다. 아이러니컬하게도 북한은 6.25전쟁을 도발함으로써 대한민국으로 하여금 사실상 꺼진 불이었던 한미관계를 복구하고 발전시킴으로써 경제발전과 정치적 민주화의 두 마리 토끼를 붙잡아 그로부터 60여년이 지난 지금에 와서는 전 세계 선진국 대열에 진입하는 것을 가능하게 해 주었다.

6.25전쟁은 인명과 재산의 차원에서 남북한의 한민족에게 미증유

의 재난을 강요한 것이 사실이다. 그럼에도 불구하고 6.25전쟁을 통하여 복원된 한미관계는 처음에는 일방적으로 불평등한 수원국(授援國) 대 피원국(被援國) 관계였음에도 불구하고 시간의 경과와 더불어 보다 대등한 동맹관계로 차츰 탈바꿈하면서 정치, 경제, 외교, 문화, 국방 등 모든 영역에서 대한민국의 기적적인 국력신장(國力伸張)을 견인해 주는 기관차가 되었다.

2장
한미상호방위조약의
함량미달 '인계철선'으로 보완

한미 양국은 1953년 10월 1일 '**한미상호방위조약**'을 체결함으로써
비로소 양국관계를 동맹관계로 격상시키기 시작했다. 당초 '**한미상**
호방위조약' 체결은 1951년 유엔군과 공산군 간에 휴전협상이 개시
된 후 일관되게 휴전회담에 반대했던 대한민국의 이승만 대통령을
무마하기 위하여 미국의 아이젠하워 대통령이 마지못해 제시한 양
보의 하나였다. 이때 체결된 '**한미상호방위조약**'은 1) "서로 상대방
에 대한 새로운 외침을 저지하고 이 조약을 이행하는 데 필요한 적
절한 조치를 유지하고 발전"시킨다는 데 합의하여 한국군 증강을 약
속하는 한편, 2) "서로 상대방의 영토와 향후 합법적으로 획득되는
영토에 대한 외침은 자신의 평화와 안전을 해롭게 하는 것으로 간주

하고 각자의 헌법절차에 따라 공동으로 대응"하며, 3) "한국은 대한민국의 영토에 육·해·공군을 계속 주둔시킬 수 있는 권리를 미국에 부여한다."는 합의를 담고 있다. [126]

한미상호방위조약

제1조   당사국들은 그들이 관여하게 되는 어떠한 국제적 분쟁도 국제평화와 안전 그리고 정의가 위협 받지 아니 하는 방법으로 평화적 수단에 의하여 해결하며 국제관계를 영위함에 있어서 어떠한 방식으로도 국제연합의 목적과 당사자가 국제연합에 대하여 부담한 의무에 배치되는 무력의 위협이나 사용을 삼가 하기로 한다.

제2조   당사국들은 어느 일방이든지 자신의 정치적 독립과 안전이 외부로부터의 무력 공격에 의하여 위협을 받고 있다고 생각할 때는 언제든지 상호 협의하기로 한다. 당사국들은 단독으로나 공동으로 자조와 상호 원조의 방법으로 무력 공격을 저지하기 위한 적절한 수단을 유지하고 발전시키며 협의와 합의를 통하여 이 조약을 이행하고 또 조약의 목적을 추구하기 위해 적합한 수단을 강구하기로 한다.

제3조 각 당사국은 태평양 지역에서 현재 각 당사국의 행정적 지배
하에 있거나 또는 앞으로 각 당사국이 합법적으로 자기의 행
정적 지배하에 있는 지역으로 편입했다고 다른 당사국이 인
정하게 될 각자의 영토에 대한 무력 공격은 자국의 평화와 안
전을 위태롭게 하는 것이라고 인정하고 자국의 헌법 절차에
따라서 공동의 위험에 대하여 행동하기로 한다.

제4조 대한민국은 상호 합의를 통하여 결정되는 대한민국 영토의
안과 밖에 미합중국 육해공군을 배치할 권리를 미합중국에
허여하고 미합중국은 이를 수용한다.

제5조 이 조약은 각 당사국의 헌법 절차에 따라서 미합중국과 대한
민국에 의하여 비준되고 워싱턴에서 비준서가 교환되었을 때
효력을 발생한다.

제6조 이 조약은 무기한 유효하다. 조약은 어느 일방이 다른 일방에
게 통고하고 1년이 경과한 뒤에 종결될 수 있다.

* 미국 상원은 다음의 양해사항에 기초하여 이 조약의 비준에 동의한
다.

미국은 이 조약의 어느 일방도 다른 일방에 대한 외부로부터의 무력
공격이 있을 경우 이외에는 이 조약 제3조에 의거하여 다른 일방에게
원조를 제공할 의무가 없으며 이 조약의 어느 조항도 합법적으로 대

한민국이 행정적으로 통제하는 영토에 대한 무력 공격의 경우 이외의
경우에는 미국이 대한민국에 원조를 제공하는 것을 의무화하지 않는
다고 이해한다.

이 조약은 그러나 이 조약에서 사용된 '상호(Mutual)'라는 표현에 걸
맞지 않게 한국의 안보를 미국이 일방적으로 보장해 주는 불평등 조
약이다. 더구나 이 조약은 조약의 어느 일방에 대한 '외침'이 있을 경
우에도 다른 일방은 '자국의 헌법절차'에 따라서 "공동으로 대처한
다."는 표현을 사용함으로써 "유사시 자동개입"은 배제하는 것이어
서 대한민국으로서는 만족스러울 수 없는 것이었다. 이 때문에 대한
민국의 대미 군사외교는 뒷날 이 조약을 "유사시 자동개입"을 보장
하는 NATO(북대서양동맹기구)형으로 개정되어야 한다는 논란으로 끊
임없는 진통을 겪어야만 하게 되었다. **'한미상호방위조약'**의 NATO
형으로의 개정은 용이한 것이 아니었다. 그 결과로 대한민국은 이
조약에서 누락된 '유사시 자동개입' 조항을 보완할 수 있는 대체수단
을 마련하기 위한 대미 군사외교를 집요하게 전개했다. 이 같은 군
사외교 노력의 일환으로 1단계로 대한민국이 관철한 것이 주한미군
의 "인계철선(引繼鐵線) 배치(Tripwire Deployment)"였다.[127]

북한의 남침이 재발할 경우 서울로 향하는 2개의 주공(主攻) 축선

(軸線)인 문산 축선과 의정부 축선 상에 각기 3개의 미군 기지를 배치함으로써 북한군이 전면 남침을 재개할 경우에는 반드시 이들 미군 기지를 공격하여 미군과 교전상태에 들어가지 않을 수 없게 만들어 놓은 것이다. 이로써 조약과는 상관없이 "유사시 미군의 자동개입"이 기정사실화되는 길이 열렸다. 그러나 한미동맹의 '불평등성'은 오랫동안 한미관계의 진통을 강요했다. 예컨대 한미 양국은 1967년 2월 9일자로 '한미 주둔군 지위협정(ROK U.S. Status of Forces Agreement, SOFA)'을 체결했지만 이 역시 NATO형에 비해 내용이 불평등하다는 비판 때문에 그 뒤 몇 차례의 부분적 손질에도 불구하고 아직도 끊이지 않는 개정 시비의 대상으로 남겨져 있다.

1968년부터 시작된 연례적인 한미 국방장관 회담 때마다 발표하는 공동성명에 "미국은 대한민국에 대한 무력침공이 발생할 경우 상호방위조약에 의거하여 즉각적이며 효과적인 원조를 제공할 것을 확약한다."는 대목을 반드시 삽입하는 것이 관례화된 것은 '자동개입' 조항이 누락된 **한미상호방위조약**의 조약상의 취약점을 보완하려는 또 하나의 고육지계였다. 미국은 이에 더하여 1978년의 제11차 국방장관회담 공동발표문에 "한국이 미국의 핵우산의 보호를 받고 있다."는 대목을 추가하고 이를 매년 반복함으로써 이를 통해 전쟁억지 효과의 극대화를 추구해 왔다. 이 시기의 미국의 '핵우산' 제공 약속은 당초에는 북한 쪽에는 핵무기가 존재하지 않은 반면, 남한 쪽에는 주한미군이 전술 핵무기를 보유하고 있었던 시기에 "유사시 대북 전술 핵무기 사용" 가능성을 공개적으로 열어 두는 것이었다.

그러나 이 같은 인식에는 1991년 말 미국이 해외 배비 전술핵무기 전면 철수의 일환으로 한반도 보유 전술 핵무기를 전량 철수시킨 데 반하여 북한이 핵무기를 개발하는 새로운 상황이 전개됨에 따라 구도(構圖) 상의 변화가 일어나게 되었다. 이제는 북한이 핵무기를 사용하는 경우에 대응하는 '억지력(Deterrence)'의 차원에서의 '핵우산' 문제가 제기된 것이다. 이 때문에 한미 안보협의에서 사용하는 '핵우산'은 이 같은 구도적 변화를 반영하는 개념상의 변화를 수용하는 것이 불가피해졌다. 이에 따라 미국은 2006년의 제38차 국방장관 회담 때부터 "핵우산 제공을 통한 '확장형 억지(Extended Deterrence)'"라는 더 강화된 용어를 새로이 등장시키고 이를 매년 반복 사용하여 오늘에 이르고 있다.

그동안 북한이 보유하고 있는 다연장포(多連裝砲) 등 장사정포(長射程砲) 및 단·중거리 미사일의 존재와 이들 무기 체계의 최전방 배치는 종래의 '인계철선 배치'의 의미에 결정적인 변화를 가져오게 되었다. 이들 장사정포와 미사일의 운용으로 북한은 이제 미군의 '인계철선' 기지들을 발로 밟지 않고도 한미 연합군의 후방 목표를 가격하는 것이 가능해졌기 때문이다. 이제는 북한군이 미군이 깔아 놓은 '인계철선' 기지를 직접 발로 밟지 않고도 한반도에서 전면전(全面戰)을 도발하는 것이 가능해졌다. 이 같은 변화된 상황은 한미 연합작전의 전략과 전술에도 본질적인 변화를 강요하게 되었다. 이 때문에 대한민국 내에서의 미군기지 이전문제가 제기되었다.

3장
국군 월남전 파병으로
격상되는 한국의 동맹 지위

한미 양국 간의 동맹관계는 1960년대 중반부터 1970년대 중반까지 10년간 계속된 한국군의 월남전 파병을 계기로 보다 대등한 동맹관계로의 변화가 시작되었다. 원래 한국은 존 F. 케네디(John F. Kennedy) 미국 대통령 정부의 요청을 받아들여 1964년 9월 이동외과병원을 파견하는 것으로 월남전 파병을 시작했다. 그러나 이 무렵 1961년의 5·16 군사 쿠데타를 통하여 권력을 장악한 박정희(朴正熙)의 군사정권은 국제적인 모라토리엄(Moratorium) 전야(前夜)의 경제위기를 맞이하고 있었다. 1964년 민정이양을 통해 대통령으로 옷을 갈아입은 박정희는 이 같은 경제위기의 타개를 위한 승부수로 한일 국교정상화와 한국군 전투부대의 대규모 월남전 파병이라는 2개의 카드를 꺼내 들었다. 박정희는 1965년 5월 미국을 방문하여 린든 존슨 (Lyndon B. Johnson) 대통령(제36대, 1963~1969)에게 한국군 2개 전투사단의 월남전 파병을 선제(先制) 제의했다. 당시 확전(擴戰) 일로의 월남전 상황에 당황하고 있던 미국의 존슨 행정부에게 박정희의 2개 전투사단 파병 제의는 가뭄의 단비였다. 그 결과 미국은 한국군 파병에 대하여 전례 없이 파격적인 군사적·경제적 보상 패키지를 마련했다.

1965년 9월부터 한국군 전투부대의 대규모 월남전 파병이 이루어지기 시작했다. 첫 번째로 건설공병단(비둘기부대)과 해병 제2여단(청룡부대, 1967년에 사단으로 증편)이 월남 땅에 상륙했고, 이어서 육군 수도사단(맹호부대)과 제9사단(백마부대), 제100군수사령부(십자성부대) 및 공군지원단(은마부대)이 뒤를 이었다. 1964년부터 1973년까지 9년간 계속된 월남 파병 기간 중 피크 때의 국군 파병 병력은 5만 명이었으며 연(延) 파병 규모는 30만 명에 이르렀다.

그 가운데서 5,000명의 인명 피해가 발생했다. 이 같은 한국군의 대규모 월남전 파병에 대한 미국의 반대급부(反對給付)가 윌리엄 브라운(William G. Brown) 주한미국대사가 이동원(李東元) 한국 외무장관에게 수교한 1966년 3월 7일자 '한국군 월남 증파에 따른 미국의 대한 협조에 관한 주한 미국대사의 공한'에 담겨졌다. 소위 '브라운 각

서'였다.[128]

'**브라운 각서**'에는 다음과 같은 미국의 약속이 담겨 있었다.

1) 군사적 지원

1) 향후 수년간 대한민국 국군의 현대화에 필요한 상당량의 장비를
   제공한다.

2) 파월 추가병력용 장비를 제공하고 이에 필요한 일체의 추가적 원
   화 경비를 부담한다.

3) 파월 병력을 대치하는 보충병력을 정비하고 훈련하는 데 필요한
   원화 경비를 부담한다.

4) 대한민국의 대간첩 작전능력 지원을 위해 필요한 요구를 충족시키
   는 데 기여한다.

5) 대한민국에 탄약생산 증가를 위한 병기창 시설 확장을 지원한다.

6) 파월 한국군 부대와의 통신에 필요한 전용 통신시설을 제공한다.

7) 파월 한국군 부대 지원을 위해 대한민국 공군에 4대의 C54를 제공
   한다.

8) 한국군의 막사 및 독신장교 숙사와 식당 위생시설들 개선에 필요
   한 재원을 군사원조계획 잉여물자 매각 대금에서 제공한다.

9) 파월 한국군 전원에 대해 해외 근무수당을 부담한다.

10) 파월 한국군 전·사상자(戰死傷者)에 대해서는 한미 간에 기히 합의된 액수의 2배 비율로 보상금을 지불한다.

2) 경제적 지원

1) 한국군 1개 예비사단과 1개 예비여단 및 지원부대의 동원, 유지에 소요되는 순 추가비용 전액과 동액의 추가 원화를 한국 예산에 편성하기 위하여 방출한다.

2) 최소한 2개 사단 병력이 월남에 주둔하고 있는 동안 군수 이관을 중지하고 1967년 미 회계연도에는 1966년 미 회계연도에 중지된 군수이관 품목과 아울러 1967년 회계연도 계획표에 반영된 군수이관 품목을 한국에서 조달한다.

3) 파월 한국군 부대에 소요되는 보급물자 용역 및 장비를 가능한 한도까지 대한민국에서 구매하며 파월 미군과 월남군을 위한 보급물자 중 결정된 구매품목을 다음의 범위 안에서 한국에서 발주한다.

(a) 한국에서 생산이 가능한 경우

(b) 한국 제품이 소요 규격과 납품 일자를 맞출 수 있는 경우

(c) 한국 제품 가격이 극동의 다른 공급 가능지의 가격과 비등하다

는것이 입증될 경우

　(d) 그 밖에 한국에서의 구매가 미 국방성의 규정과 절차에 부합할
　　　경우

4) 미국의 경쟁업체들과 경쟁한다는 원칙 하에 미국국제개발처
　　(USAID)가 월남에서의 농촌건설사업, 선무·구호·보급사업을 위
　　해 구매하는 물자의 상당량을 최대한 한국에서 구매한다.

5) 월남 정부가 허용하는 범위 안에서 한국 청부업자들이 월남에서
　　한국인 민간 기술자 고용을 포함하여 기타 용역을 제공할 수 있는
　　기회를 확대한다.

6) 수출 진흥을 위한 대한(對韓) 기술 협조를 전반적으로 강화한다.

7) 미국은 1965년에 이미 약속한 1억 5,000만 달러 상당의 차관에 추
　　가하여 대한민국의 경제발전을 위한 차관을 추가로 제공한다.

8) 미국은 월남에 대한 수출 지원 및 기타 개발사업목적을 위하여 사
　　용할 수 있는 1,500만 달러의 프로그램 론(Loan)을 1966년 중에
　　제공한다.

이 같은 파격적인 '반대급부'와 교환하여 이루어진 국군의 월남전 파
병으로 대한민국은 비단 IMF에 의한 모라토리엄 직전에 처해 있던
경제를 회생시켰을 뿐 아니라 월남전에서 공산군 측의 승세에 편승한

김일성의 북한이 한반도에서도 무력도발을 격화시키고 있는 상황 속에서 미국으로부터 더 확고한 대한 안보공약과 함께 한국군의 전투경험과 장비 획득으로 군 현대화를 통한 자주국방 토대 구축의 기회를 확보하는 절호의 기회를 맞이하게 되었다. 더 나아가서 국군의 월남전 파병은 한국 기업의 대규모 월남 진출을 통하여 '월남 특수(特需)'를 불러 일으켰을 뿐만 아니라 이를 통하여 획득한 자금력과 기술력을 발판으로 1970년대 '중동(中東) 건설 특수'의 길을 열어 대한민국 경제가 1980년대의 '한강의 기적'을 이룩하는 데 결정적인 전기(轉機)를 마련해 주었다.

한미 안보동맹은 국군의 월남전 파병을 통하여 한국 측의 지위 격상과 함께 진화를 계속했다. 우선 한미 간에는 1968년부터 국방장관 회담의 연례 개최가 시작되었고 이 회담은 1971년부터는 '한미 안보협의회(ROKU.S. Security Consultative Meeting)'로 확대·개편되어 연례적으로 개최되기 시작했다. 그런데 월남전에서 고전하던 미국이 극적인 정책전환으로 국제정세에 일대 변전(變轉)을 이끌어내는 상황의 변화가 일어났다. 미국의 리처드 닉슨(Richard M. Nixon) 대통령(제37대, 1969~1974)은 1969년 7월 26일자 '괌선언(Guam Doctrine)'을 전환점으로 월남전의 월남화(Vitenamization of Vietnamese War)[129]와 대소(對蘇) 데탕트(Detente, 긴장완화)[130] 정책을 본격적으로 추구하기 시작했다. 미국은 1971년 7월에 이루어진 헨리 키신저(Henry Kissinger)의 베이징 비밀 방문[131]과 1972년2월에 이루어진 닉슨 대통령의 베이징, 항저우(杭州) 및 상하이 방문을 통해 합의된 미중 '상하이 공동성명(Shanghai Communique)'[132]에 입각하여 중국과의 국교 정상화를 단행했고, 1973년 1월 27일에는 월맹과의 '파리 월남전 평화협상'을 타결시킴으로써 주월미군과 주월한국군의 전면 철수에 이어서 월맹군이 1975년 4월 30일 사이공(Saigon)을 점령하여 무력에 의한 공산화 통일을 완성하는 길을 열어 주었다.

4장
진화하는 한미동맹
─연합작전 체제로의 전환

월남전의 양상이 세계적인 차원에서 미국의 안보 공약에 동요를 초래하는 가운데 한미동맹은 박정희가 이끄는 한국이 한때 '자주국방'의 기치를 내세우면서 독자적 핵무기 개발을 추진하는 파행(爬行)을 보여 주자 미국이 이에 강경하게 대처하는 위기국면을 맞기도 했다. 더구나 한미 안보동맹은 한국의 유신 체제(維新體制)를 상대로 인권 시비를 벌이던 지미 카터(Jimmy Carter) 미국 대통령(제39대, 1977~1981)의 돌연한 주한미군 철군 공약으로 인하여 파국의 위기를 넘겨야 했다. 카터의 주한미군 감축 공약은 미국 의회와 군부의 조직적인 저항의 결과로 이루어진 남북한 군사력 재평가를 통하여 1978년까지 3,000여 명의 감축에 그치고, 1979년 2월 철군계획의 잠정 중단과 그해 7월의 공식 동결조치로 용두사미(龍頭蛇尾)가 되었다.

그동안 한국의 경제사정이 개선됨에 따라 미국의 대한 군사원조는 감소 일로를 계속하여 1969년에는 한국군의 총 군사비 가운데 미 군사원조가 차지하는 비중이 50퍼센트 이하로 낮아졌고, 1974년에는 10퍼센트로 감소된 뒤 1977년에는 대한 군사원조가 종료되었다. 이 같은 군사원조의 감소와 주한미군의 감축은 한편으로는 대한민국의 경제성장을 반영하는 것이기도 했지만, 다른 한편으로는 한미 안보동맹 관계가 더 수평적이고 대등한 연합작전 체제로 이행하는 과정에서 일어난 변화이기도 했다.

1950년부터 1953년까지 계속된 한국전쟁 기간 중 유엔군과 유엔군의 작전을 통제하는 미군의 지휘부는 일본에 위치해 있었다. 그러나 미국은 1954년 11월 20일자로 미 극동군을 흡수·통합한 제8군 사령부(Eighth U.S. Army, EUSA)를 일본으로부터 한국으로 이동시키고 일본에는 제8군 후방사령부를 남겨 두었다. 이어서 태평양지역 미군 지휘체계 전면적 개편의 일환으로 1957년 7월 1일자로 미 극동군사령부가 폐지되면서 유엔군사령부(United Nations Command, UNC)가 일본에서 한국으로 이전했다. 이로써 한국의 주한미군기지는 서태평양 지역에 전개된 미군기지 가운데 최고위급 기지가 되었다. 주일미군 사령관이 중장인 데 비해 주한미군 사령관은 대장이 보임되는 전통이 확립되었다. 이어서 1978년 11월에는 한·미 연합사령부(Combined Forces Command, CFC)가 창설되어 한반도에서 전쟁 재발 시 대한민국을 방어하는 임무를 한·미 연합사령부가 유엔군사령부로부터 넘겨받았다. 이로써 주한미군사령관이 유엔군사령관과 한·미 연합사령관을 겸직하는 시대가 막을 열었다.

일단 동결되었던 주한미군 감축 논의는 1980년대 이후에도 끊임 없이 부침(浮沈)을 계속했다. 한미 양국 정부는 1989년 7월 18일의 한미안보협의회 공동성명에서 "북한의 군사적 위협을 억제하기 위한 주한미군 유지의 필요성이 존속되는 한, 그리고 한미 양국 정부와 국민들이 주한미군 주둔이 평화와 안정에 기여한다고 판단하는 한 주한미군의 주둔은 계속되어야 한다."고 합의[133]함으로써 주한미군의 감축론에 쐐기를 박았지만 미국 내에서는 비슷한 시기에 상원을 통과한 '넌(Sam Nunn)-워너(John W. Warner) 수정안'의 영향으로 주한미군 감축 논의는 수그러들지 않았다. 이에 따라 아버지 조지 부시(George H Bush) 대통령(제41대, 1989~1993)의 공화당 행정부는 1990년에 있었던 리처드 체니(Richard B. Cheney) 국방장관의 방한 결과를 토대로 점진적이고 단계적인 3단계 주한미군 감축안을 다시 마련했다. '넌-워너' 수정안은 주한미군의 감축 및 역할 변경과 함께 한국의 방위책임 증대를 요구하는 동시에 주한미군 주둔비용에 대한 한국 측의 분담문제를 새로이 제기하여 미국 부담비용을 최소화하는 것을 전제로 대한 방위공약을 계속 유지한다는 것이었다. 그러나 주한미군의 감축에 대해서는 미 군부와 의회의 반대가 지속되었다. 미 하원은 1991년5월 "해외주둔 미군의 철수를 통해 80억 달러의 예산을 절감"하려는 법안을 255 대 167의 압도적 표차로 부결시켰다. 결국 체니 국방장관(당시)은 1991년 11월 21일 주한미군 철수 중지를 공식 발표했다.

5장

한국 좌파 정권 등장과
전작권 환수 소동

한국에서는 1998년 김대중(金大中) 정권의 출현으로 2008년까지 10년
간 계속된 '좌파 정권' 시대가 개막하여 한미동맹은 예기치 않았던
악재를 경험하게 되었다. 한미동맹의 파트너로서 한국의 일탈은 이
미 1993년 대통령 취임식에서 "동맹보다 민족이 우위"를 선언한 김
영삼(金泳三) 정권 때부터 싹트고 있었다. 1990년에 있었던 3당통합
(민정당·민주당·공화당)의 산물인 김영삼의 민자당 정권은 그래도 무늬
는 보수·우익 정권이었다. 그러나 김대중(1998~2003)과 노무현(盧武
鉉, 2003~2008) 두 대통령의 임기 동안 대한민국은 건국 이래 처음으
로 '좌파 정권'의 실험무대가 되었고 이 10년의 기간 중 전통적인 한
미동맹은 남의 '좌파 정권'과 북의 김정일 정권이 북핵문제를 놓고

공연(共演)한 '민족공조' 연기에 함몰되어 전무후무한 홍역을 앓아야 했다.

이 과정에서 한 가지의 문제가 돌출적으로 제기되었다. 한국군의 '전시 작전통제권' 문제였다. 한국전쟁 발발 직후인 1950년 7월 14일 자 이승만 대통령이 맥아더 유엔군사령관에게 보낸 서한을 통해 유엔군사령관에게 포괄적으로 "이양"되었던 한국군에 대한 '작전지휘권(Operational Command Authority)'은 1954년 11월 17일 발효된 **한미상호방위조약**과 이에 근거한 '한미 합의 의사록'을 통해 '작전통제권(Operational Control Authority)'으로 수정되었고 이 '작전통제권'은 1978년 유엔군사령관으로부터 '한·미 연합사령관'에게 "이양"되었다. 그 뒤 한국군에 대한 '작전통제권' 가운데 '평시(平時) 작전통제권'은 1994년 12월 1일자로 44년 만에 한국군 합동참모본부 의장에게 "반환"되고 '전시(戰時) 작전통제권'만 4성의 주한미군사령관이 겸하고 있는 한·미 연합사령관에게 남겨진 채 오늘에 이르고 있다.

이 문제는 2006년 8월 9일 『연합뉴스』와의 특별회견 도중 노무현 대통령(당시)에 의해 돌발적으로 제기되었다. 임기 3년 차의 노무현은 이날 회견 도중 "우리나라는 자기 나라에 대한 작전통제권을 갖지 않고 있는 유일한 나라"라면서 "작전통제권은 자주국방의 핵심이고 자주국방은 주권국가 의 꽃"이라는 선동적인 주장으로 포장한 가운데 '작전통제권'의 '환수(還收)' 문제를 거론했다. 그로부터 1년여 뒤인 2007년 10월에 그의 평양 방문과 김정일과의 '정상회담' 및 '10·4 남북정상선언'이 이루어졌다는 사실을 감안한다면 2006년에 그가 제기한 "한국군 작전통제권 환수" 문제는 김정일과의 남북정상회담을 성사시키기 위한 '군불 때기'였을 가능성이 없지 않았다.

한국군의 '작전통제권' 문제에 관한 노무현의 이때의 발언은 사실은 어폐가 있는 것이었다. 무엇보다도 한국군에 대한 '작전통제권'은 '평시'의 경우는 이미 1994년에 '환수'되어 있어서 남은 것은 '전시 작전통제권'뿐이었음에도 불구하고 2006년 노무현이 최초로 거론한 것은 '전시'와 '평시'를 구분하지 않은 채 일반화시킨 것이었기 때문에 현실과는 크게 괴리된 것이었다. 그러나 이때부터 한국군의 '전시 작전통제권' 회수 문제는 대한민국 안에서 두 '좌파 정부'들에 의하여 조장된 '반미감정'과의 상승작용을 통하여 한미관계에 냉온탕을 강요하는 가장 첨예한 현안의 쟁점이 되어 한미동맹의 근본을 뒤흔들게 되었다.

한국군에 대한 '전시 작전통제권' 문제는 한미연합작전 체제의 필연적 부산물이었다. 여기서 지적되어야 할 중요한 사실은 '한미 연합작전' 체제 하에서 한미연합사령부가 행사하는 한국군에 대한 '전시 작전통제권'은 미국이 단독으로 행사하는 것이 아니라 한미 양국이 공동으로 행사하고 있다는 것이었다. 그렇기 때문에 '전시 작전 통제권'은 이미 한국군이 미군과 '공유'하고 있는 것이었고, 따라서 원천적으로 한국군에 의한 '환수' 대상이 아니었다.

현행 한미연합작전 체제 하에서 '평시' 한국군 합동참모본부가 행사하는 한국군에 대한 '작전통제권'은 '전시'에는 한미연합사령부로 이관된다. 그러나 '전시'라고 해서 한국군에 대한 '작전통제권'이 무조건 한미연합사령부로 이관되는 것도 아니다. 이에 관하여 우선 이해되어야 할 사실은 한반도에서 일어나는 '전쟁'에는 한미연합사령부가 개입할 수 있는 전쟁과 개입할 수 없는 전쟁이 구별되어 있다는 것이다. 1954년에 발효한 **한미상호방위조약**에 의한 제약 때문이다. 이 조약은 제3조에서 이 조약이 발동될 수 있는 '전쟁' 상황을 "조약 일방의 영토에 대한 외부로부터의 침략이 있을 경우"로 한정하고 있다. 더구나 **한미상호방위조약**에는 말미에 미국 상원이 '비준'의 조건으로 첨부한 '미국의 양해사항'이라는 단서가 첨부되어 있다.

그 내용은 "이 조약의 어느 부분도 미국에 의해 인정되었거나 합법적으로 대한민국의 장악 하에 편입된 영토에 대한 외부로부터의 무력 공격이 있을 경우 이외에는 대한민국에 원조를 제공할 의무를 미국에 부과하는 것으로 해석되어서는 안 된다."는 것이다.[134] '전쟁'

이라도 예컨대 한국이나 미국의 '선제공격'으로 일어난 '전쟁'의 경우에는 이 조약은 발동될 수 없고, 따라서 그 같은 '전쟁'에는 '미군'은 '참전'할 수 없게 되어 있다. 따라서 이 경우에는 '한미연합사령부'로의 '작전통제권' 이관문제는 거론될 수 없다. 그러한 전쟁은 지금의 '한미 연합작전' 체제 하에서도 한국군이 단독으로 수행해야 하는 전쟁인 것이다.

"한국 영토에 대한 외부로부터의 침략"으로 발발한 '전쟁' 상황에서도 한국군에 대한 '작전통제권'을 '한미연합사령부'로 이관하는 경우는 제한되어 있다. 그것은 "'데프콘(Defense Readiness Condition, DEFCON, 방어준비태세)'이 4단계에서 3단계로 격상될 때"라야 가능하게 되어 있다. 그런데 '데프콘'의 격상은 미국이 일방적으로 결정하는 것이 아니다. '데프콘'의 격상은 필요한 상황이 발생했을 때 한미 양국군의 합참의장이 '공동의장'이 되는 한미 동수(同數)의 '한미군사위원회'가 심의·의결하여 한미 양국 대통령에게 건의하되 양국 대통령이 모두 동의하는 경우에 한하여 이루어진다. 양국 가운데 어느 한 나라의 대통령이 반대해도 4단계에서 3단계로의 '데프콘' 격상은 이루어질 수 없다. 한미 양국 대통령에게는 각기 '거부권'이 부여되어 있는 것이다.

이 같은 과정을 거쳐 '한미연합사령부'로 이관된 '전시' 상태에서도 실제로 한국군에 대한 '작전통제권'의 미국에 의한 일방적인 행사는 불가능하다. 이 경우에도 '한미연합사령부'는 한미 양국군이 공동으로 운영하는 '한미군사위원회'의 '지침'과 '통제'의 테두리 안에서 한국군에 대한 '작전통제권'을 행사하게 되어 있고 양국의 대통령은 여전히 각기 '거부권'을 보유한다. 엄격하게 말한다면 '전시'에도 한국군에 대한 '작전통제권'은 한미 양국이 '공동'으로 행사하는 것이지 미국이 단독으로 행사하는 것이 아닌 것이다.

따라서 노무현이 주장한 '환수'의 대상은 '실체'가 없었다. '환수'의 대상이 되는 '작전지휘권'이 '평시'는 100퍼센트, '전시'에도 51퍼센트가 이미 대한민국 정부의 손에 들어와 있기 때문이었다. 실제로 '환수'라는 이름으로 노무현이 하려고 하는 것은 실제로는 다른 것이었다. 그것은 '한미연합사령부'를 '해체'하고 한국군과 '주한미군'에 대한 지휘 체제를 분리·독립시켜 '2원화'시키는 것이었다. 엄밀하게 말한다면 이 문제에 관하여 노무현 정권은 국민을 상대로 엄청난 '사기극'을 연출한 것이었다.

그렇다면 노무현이 한국군의 '전시 작전통제권' 이관 문제를 거론한 이유는 무엇이었는가? 그 이유는 단 한 가지였다. '한미연합사령부'의 '사령관'이 '미군 4성 장군'이라는 것이 참 이유였다. 그러나 실제로는 '미군 장성'이 '한미연합사령부'의 지휘관이 되는 데는 그렇게 하지 않을 수 없는 이유가 있었다. 그것은 '작전계획-5027'[135]과 관련되어 있었다. '작계-5027'은 '한미연합사령부'가 '전시 작전통제권'을 행사하는 상황 하에서 한미 양국군이 수행할 전쟁계획이다. '데프콘'이 3단계 이상으로 격상되면 비로소 '주한미군'의 참전이 이루어지고 '한미연합사령부'가 한국군과 '주한미군'에 대한 '작전통제권'을 통합하여 행사하는 가운데 전쟁은 '작계-5027'에 의거하여 수행되게 된다. 이에 따라 '한미 연합군'은 북한군의 남침으로 남북 간에 전면전이 재개될 경우 초기에는 60일간에 걸쳐 일단 FEBA선까지 전술적으로 후퇴하면서 북한군의 전력을 섬멸하여 소진시키는 방어전을 수행하되 전쟁 발발 60일부터 90일 사이에 미국 본토로부터 투입되는 대규모의 증원 병력과 무기 및 장비의 지원으로 북한군을 휴전선 이북으로 격퇴시킬 뿐만 아니라 북한 땅으로 진격하여 북한군을 괴멸시키게 되어 있다.

'작계-5027'에 의하면 이때 투입되는 미군 증원군은 2개 지상군 군단, 5개 항모전단, 2개 해병 기동군, 32개 전투비행대대로 구성되는 69만 명의 병력과 1,000여대의 탱크, 700여문의 화포, 1,600여대의 전술항공기, 160여척의 함정, 토마호크 및 크루즈 등 전략·전술 미사일과 공중경보기(AWACS) 등의 최첨단 무기체계와 장비들로 구성하게끔 되어 있다.[136] 더구나 이 같은 미국 본토로부터의 대규모 증원군 투입을 내용으로 하는 '작계-5027'의 보다 큰 목적은 단순이 전쟁에서 승리하는 것보다는 그 같은 대규모 증원군 투입을 사전에 경고함으로써 북한으로 하여금 감히 전쟁을 도발하지 못하도록 억지하는 데 있다.

그런데 여기서 중요한 사실은 이미 배치되어 있는 주한미군은 물론 미국 본토로부터 투입되는 대규모 증원군이 보유하는 최첨단 무기체계와 장비 및 그 운영체계들이 한국군에게는 대부분 생소한 것이라는 사실이다. 한국군 지휘관들에게는 이들을 지휘할 능력이 없다. 이 같은 현상은 한반도의 경우에 국한된 것이 아니다. 오늘의 세계에서 최첨단 군사기술과 무기체계의 영역에서는 유일 초대강국으로 미국만이 독자적으로 보유·운영하고 있는 것들이 적지 않다. 이 때문에 지구상의 어느 곳에서나 미군이 참가하는 다국적군이 구성되는 국제적 무력분규의 경우 예외 없이 그 지휘관은 미군 장성이 맡는 것이 현실이다. 이것은 국가 주권 문제와는 전혀 별개의 작전상의 문제다. '미군 장성'이 '한미연합사령부'의 사령관 직을 맡고 있는 이유는 여기에 있다. '한미연합사령부'의 존재가 예외적인 것도 아니고 노무현이 주장한 것처럼 국가 주권을 침해하는 것도 아니었다. '북대서양동맹기구(NATO)'군의 사령관을 미군 장성이 맡고 있는 것도 같은 이유 때문이다.

6장
미국의 반발과 한미동맹의 표류

한국에서 김대중 정부로부터 노무현 정부로 '좌파 정부'가 이어지면서 이들 '좌파 정부'가 일관되게 추진한 '친북·반미' 기조의 대북 유화정책은 미국 수도 워싱턴에서 한미 안보동맹의 미래에 대한 불안감과 회의를 불러 일으켰고 아들 부시 대통령이 이끄는 공화당 정부 안팎에서는 한미 안보동맹에 대한 회의론(懷疑論)이 공공연하게 고개를 들기 시작했다. 주한미군 추가 감축과 기지 이전이 거론되기 시작한 것은 그 결과였다. 이와 아울러 때마침 미국에서는 미군의 이라크 전쟁 개입이 장기화됨에 따라 '해외 미군 재배치 계획(Global Defense Posture Review, GPR)'[137]이 검토되기 시작했고 '전략적 유연성(Strategic Flexibility)'[138]이라는 명분 아래 한국전쟁 휴전 이후 붙박이로

고정 배치되어 있는 주한미군 부대들을 선별적으로 타 지역으로 동원하는 방안과 함께 주한미군 기지를 전방에서 후방으로 이동하는 문제에 대한 논의가 본궤도에 오르기 시작했다.

그동안에 워싱턴에서는 "한미관계 황혼(黃昏)"설(說)이 사람들 입에 오르내리기 시작했고[139] "한국인들이 미국을 북한보다 더 큰 위협으로 간주하는 등 한미동맹 관계가 약화된 최근의 변화가 주한미군 재배치 계획에 영향을 끼치고 있다"면서 "한국은 '환영받지 못하는 곳에 미군을 주둔시키지 않겠다.'는 미국의 입장을 주목할 필요가 있다"는 주장이 제기되기까지 했다.[140] "북한이 한국에게 미국과 북한 사이에서 중립적 입장을 취하도록 강요하고 있다."고 지적하면서 "그렇게 되면 한반도에서 미국의 전쟁 억지 역할은 불가능해지기 때문에 주한미군 규모를 조정하고 재배치해야 한다."는 주장도 대두되었다. 2004년 6월 방한한 페리(William Perry) 전 미국 국방장관은 『조선일보』와의 인터뷰에서 "한·미 양국정부는 북한의 위협에 대한 인식을 함께하고 있지 않기 때문에 공통의 정책을 마련하기가 어렵게 되었다."고 말했다.[141] "한·미 동맹에는 이제 '공동의 적'도 없고 '공동의 목표'도 없다."는 것이었다. 페리는 "한국에서 반미 분위기가 더욱 고조될 경우 미국이 과거 필리핀에서 그랬던 것처럼 주한미군의 전면 철수도 있을 수 있다고 보느냐?"는 질문에 대해 "상상

하기 어려운 일이지만 이론적으로는 가능한 일이기도 하다."고 답변하기도 했다.[142]

이 같은 상황에서 한미관계는 2002년 6월 두 여학생이 훈련 중인 미군 탱크에 깔려서 사망한 사건을 계기로 좌파세력들이 일반 시민의 반미감정을 대대적으로 선동하는 가운데 더욱 악화일로를 걸었다. 이 같은 판국에 노무현이 2006년 '전시 작전통제권' 환수를 들고 나옴으로써 한미동맹의 위기는 바닥을 쳤다.[143] 이번에는 미국이 '명군'을 부르고 나섰다. 미국의 아들 부시 행정부의 도널드 럼스펠드(Donald Rumsfeld) 국방장관은 "미국은 미군을 환영하지 않는 곳에 미군을 주둔시키지 않을 것"이라고 응수하고 나섰다. 그가 역으로 꺼내 든 카드는 오히려 미국이 선수를 쳐서 한국군 '전시 작전통제권'의 인계를 서두르는 것이었다. 2007년 2월 23일의 한미 국방장관회담에서는 오히려 미국 측이 서둘러서 한국군에 대한 '전시 작전통제권'을 2012년 4월 17일까지 한국 측에 인계하는 것으로 이 문제에 관한 논란에 일단 종지부를 찍었다.

7장
한국 보수 정권의 권토중래와
'전작권' 전환의 좌초

2008년 2월 25일 서울에서는 이명박 대통령이 취임함으로써 10년 간의 '좌파 정권' 시대가 끝나고 보수·우익 정권의 권토중래(捲土重來)가 이루어졌다. 이로써 한국 정부의 대북 유화정책에 종지부가 찍히고 그동안 왜곡되었던 한미 안보동맹도 정상상태로 돌아가는 전환점을 맞이하게 되었다. 그러나 일단 궤도를 이탈했던 한미동맹이 본래의 궤도로 복귀하는 데는 엉뚱한 진통이 수반되어야 했다. 이명박 정부는 2007년 12월 실시된 제17대 대통령 선거에서 530만 표라는 대한민국 직접투표에 의한 대통령 선거 사상 최대의 표차를 업고 출범했다. 이 엄청난 표차는 이명박 정부에게 전례 없이 강력한 정치적 지지 기반을 제공했다는 것이 일반적인 생각이었다. 그러나 이명박 정부는 이류하기 무섭게 전혀 예상치 못했던 엉뚱한 복병(伏兵)을 만나야 했다. '광우병(狂牛病) 파동'이었다.

출범 직후 이명박 정부의 최대 관심사는 한미 동맹관계의 복원(復元)이었다. 당면한 현안(懸案)은 '한미 자유무역협정(Free Trade Agreement, FTA)'의 조속한 타결이었고 그 다음의 현안은 한국군 '전시 작전통제권' 환수 문제의 원상회복이었다. 이명박은 이들 현안의 조속한 타결을 가능하게 하기 위한 분위기 조성의 수순으로 "미국의 부시 대통령을 워싱턴의 백악관(白堊館)이 아니라 캠프 데이비드(Camp David)에서 만나는 것이 필요하다."고 판단했고, 아마도 캠프 데이비드 회담 성사를 위해 미국 백악관의 환심을 사겠다는 생각으로, 사실은 전임 노무현 정부가 묻어 두고 간 정치적 지뢰였음에도 불구하고 미국산 쇠고기 수입을 서둘러 허가하는 치명적인 정치적 실착을 범했다. 이로써 그는 부시와의 캠프 데이비드 회담은 성사시켰지만 '광우병 파동'이라는 엉뚱한 광풍(狂風)을 헤쳐 나가지 않으면 안 되었다.

'광우병 파동'은 이명박 정부의 "엎친 데 덮치는" 격의 미숙한 대응의 결과로, 폭력을 동반한 대한민국 건국 사상 최대의 '반미(反美) 군중시위'로 규모가 커졌고 그 유탄(流彈)은 한미관계를 강타했다. 한미관계가 뜻밖의 '광우병 파동'으로 부침(浮沈)을 거듭하는 동안 한미관계의 모든 현안은 사실상 휴면이 불가피해졌고 한국군 '전시 작전통제권' 문제도 예외가 아니었다. 그런데 한국군의 '전시 작전통제권' 환수 문제에 필연적으로 수반되는 한미연합사령부의 해체 문제는 거의 해결이 불가능한 난제를 제기하고 있었다.

그것은 한반도에서 전면전이 재발할 경우 한미 양국군의 지휘체계가 2원화되는 치명적 문제를 해결하는 묘방이 없다는 것이었다. 한미 양국 군부 간에는 전시 중에 양국군의 지휘체제가 2원화되는 상황 하에서 양국군 간에 '군사협력본부(Military Cooperation Center)'를 설치하여 '유사시 작전계획' 수립 문제, 합동훈련 실시 문제, 군수지원 문제, 정보교환 문제 및 C4I(통신, 지휘, 통제, 컴퓨터) 구축 문제 등을 협의, 해결하는 방안을 중심으로 논의를 거듭했지만 "유사시" 양국군의 작전을 "통합 지휘"하는 체제를 어떻게 구축해야 할 것이냐는 문제에 관해서는 묘방을 찾아낼 수 없었다.

이 때문에 2007년 한국의 노무현 정권과 미국의 부시 행정부 사이에 2012년 4월 17일을 기하여 한국군의 '전시 작전통제권'을 한국이 인수한다는 합의가 성립되는 순간부터 한미 양국에서는 이 합의의 이행 가능성에 관한 회의론이 끊임없이 제기되었다. 한국에서는 예비역 장성들과 재향군인회를 중심으로 "전시 작전통제권 이양 반대 1천만인 서명운동"이 전개되기까지 했지만 '광우병 파동'의 광풍에 휘말려 있는 한국에서는 물론 '좌파 정부' 시절 한국에서 벌어졌던 '반미 정서' 조작에 분개하고 있는 미국에서도 '전시 작전통제권' 문제 재검토론은 공식적으로 거론되기 어려운 상황이 계속되었다.

2008년 출범과 더불어 한국의 이명박 정부는 미국의 아들 부시 행정부를 상대로 한국군 '전시 작전통제권' 문제를 사실상 원상복귀 시키려는 노력에 시동을 걸었다. 그 효시가 그해 4월 미국 캠프 데이비드에서 열린 한미 정상회담이었다. 한미 양국 정상은 이 회담에서 한미동맹을 "미래 지향형 21세기 전략동맹"으로 강화·발전시켜 나간다는 데 합의했고 이어서 다음 해인 2009년 6월 16일에는 워싱턴에서 있었던 한미 정상회담에서 양국 정상 간에는 처음으로 한국에 대한 "미국의 핵우산을 포함한 확장형 억지력 제공" 공약을 담은 '한미동맹을 위한 미래 비전'[144]을 채택, 발표했지만 한미 양국 정부는 모두 '전시 작전권' 문제를 다루는 데는 아직 신중을 기하지 않을 수 없었다.

양국 정부는 이명박 정부 출범 3년 차인 2010년10월 워싱턴에서 열린 제42차 한미 안보협의회에서 결국 이 문제에 손을 댔다. 하지만 이때 조정된 내용은 2012년 4월 17일의 시한을 2015년 12월 말로 지연시켰을 뿐 '전시 작전통제권' 이양과 한미연합사령부의 해체 준비는 계속 진행한다는 것이었다. 그래도 양국 정부는 한국군 '전시 작전통제권' 환수의 노른자위에 해당하는 난제인 한미연합사령부 해체와 더불어 양국군으로 2원화되는 작전통제권을 전시에 '통합'하는 효과적인 방안을 마련하는 문제에 대해서는 여전히 모범답안을 찾는데 성공하지 못하고 있었다.

결국 이 문제는 2013년 출범한 박근혜 정부의 몫으로 이월되었다. 한미 양국은 2014년4월 25일 서울에서 있었던 정상회담에서 "지속되는 북한 핵·미사일 위협과 역내(域內)의 변화하는 안보환경으로 인해 2015년으로 되어 있는 한국 주도 방위를 위한 전시 작전통제권 전환 시기를 재검토하기로 결정"했고,[145] 이어서 10월 워싱턴에서 있었던 제46차 안보협의회에서 드디어 문제의 '전시 작전통제권' 전환 시기를 사실상 무기한 연기한다는 합의에 도달했다.[146]

양국은 "적정한 시기에 안정적으로 전시 작전통제권을 전환한다는 양국의 공약을 재확인"했지만, 이것은 하나의 수사학(修辭學)이었고, 이어서 "미군 주도의 연합사령부에서 한국군 주도의 새로운 연합방위사령부로 대한민국이 제안한 '조건에 기초한 전시 작전통제권 전환'을 추진"하되 "대한민국이 핵심 군사능력을 구비하고 한반도 및 역내 안보환경이 안정적인 전작권 전환에 부합할 때 전작권이 대한민국으로 전환되는 것을 보장한다."고 합의[147]함으로써 시기적으로는 2020년 이후로 "무기한 연기"하는 것임을 분명히 했다.

4부

한미동맹의 미래

1장
한미동맹의 구조조정
—'방어'에서 '공세'로의 전환

2008년 4월 미국 캠프 데이비드의 미국 대통령 별장에서 있었던 이명박 대통령과 오바마 대통령 사이의 정상회담을 전환점으로 하여 한미 안보동맹은 새로운 구조조정(Restructuring)이 진행되고 있다. 이를 통하여 급격하게 변화하고 있는 내외 안보환경에 대응하는 미래지향형 전략동맹으로 재건하는 작업이 진행되고 있는 것이다. 이같은 구조조정이 진행되고 있는 과정에서 한미 양국 간에는 양국이 서로 상대방은 "가장 중요한 전략적 및 경제적 동반자(Most important strategic and economic partner)"로 인식하는 토대 위에서 양국 간의 동맹관계가 "사상(史上) 최상의 상태에 있다."는 데 공감대가 형성되고 있다.[148]

무엇보다도 먼저 한미 양국은 서로 주요한 '경제적 동반자'다. 2013년의 경우 양국 간의 왕복 무역액은 1,000억 달러를 초과했다. 대한민국은 미국의 여섯 번째로 큰 무역 상대국이고 미국은 대한민국의 두 번째로 큰 무역 상대국이었다. 미국은 대한민국의 두 번째로 큰 수출 대상국이고 세 번째로 큰 수입 대상국이다. 미국은 대한민국의 최대의 외국인 직접투자 제공국이다.

대한민국이 산업화에 성공하고 세계경제에서 차지하는 비중이 커짐에 따라 한미 양국의 경제적 상호 의존도는 한편으로는 날이 갈수록 복잡해지는 반면, 다른 한편으로는 오히려 엷어지는 현상도 발생

〈표 5〉 한미 무역규모 변동 상황(단위: 10억 달러)

연도	대미 수출	대미 수입	무역 수지	왕복 무역 규모
1990	18.5	14.4	4.1	32.9
1995	24.2	25.4	-1.2	49.6
2000	40.3	27.9	12.4	68.2
2005	43.8	27.5	16.3	71.3
2010	48.9	38.8	10.1	87.7
2011	56.7	43.4	13.3	100.1
2012	58.9	42.3	16.6	101.2
2013	62.4	41.7	20.7	104.1
주요 수출 품목	자동차 및 부품, 휴대용 전화기, 컴퓨터와 부품, 철강, 제트유와 모터유, 타이어			
주요 수입 품목	반도체와 반도체 제조 설비, 민항기, 화공품, 특수설비, 플라스틱, 밀·콩			

※출처 Global Trade Atlas (2014.2.11 현재)

하고 있다. 예컨대 대한민국의 입장에서 미국이 지니는 경제적 비중은 최근 다른 주요 국가에 비해 낮아지고 있다. 2003년에 중국은 사상 처음으로 미국을 제치고 대한민국의 가장 큰 무역 대상국의 자리를 차지했다. 일본과 유럽 28개국으로 구성된 유럽연합(EU)도 대한민국의 두 번째로 큰 무역 대상국의 자리를 놓고 미국과 경쟁하고 있으며 때로는 미국을 앞서는 때가 발생하기도 했다.

대한민국의 이 같은 국력의 상승(上昇)을 배려하는 것은 나날이 복잡 다기화(多岐化)되고 있는 국제적 안보환경에 적극적으로 대응하는 것과 아울러 지금 진행 중에 있는 한미동맹의 구조조정의 중요한 부분을 형성하고 있다. 물론 한미동맹의 변할 수 없는 우선순위 1번의 관심사는 북한으로부터의 안보 위협에 효과적으로 공동 대처하는 것이다. 이 문제는 1990년대부터 계속되고 있는 북한의 핵무기 및 미사일 개발로 인하여 조성되고 있는 새로운 안보 위협 때문에 과거와는 다른 형태의 대응을 한미 양국에게 요구하고 있다.

이 같은 요구에 대응하기 위하여 미국은 지금도 2만 8,500명의 미군을 한국에 주둔시키고 있을 뿐 아니라 대한민국에게 "유사시 '핵우산'을 포함하여 한반도 안팎의 모든 가용(可用) 군사력을 동원하는 것을 의미하는 '확장형 억지'" 개념에 입각하여 "북한으로부터의 어떠한 침략으로부터도 대한민국을 방어한다."는 적극적·공세적 안보

공약을 거듭 확인하고 있다. 2004년에 시작된 북핵문제 해결을 위한 베이징 '6자회담'은 2007년에 있었던 제6차 회담을 마지막으로 중단된 채 속개되지 않는 가운데 북한이 2009년과 2013년 두 번째와 세 번째 지하 핵실험을 강행한 데 이어서 2013년부터는 "이미 핵무기를 생산하여 보유하고 있다."고 주장하면서 '6자회담'의 성격을 "북한의 비핵화(非核化)를 위한 회담"이 아니라 "핵무기 보유국들의 핵감축을 위한 회담"으로 변질시킬 것을 요구하고 있어서 쉽사리 재개가 이루어질 가능성이 보이지 않고 있는 중이다.

이 때문에 미국의 오바마 정부의 최근 대북 전략은 북핵 문제의 "북한과의 협상을 통한 해결"보다는 "급변사태(急變事態)에 의한 북한 정권의 변화를 통한 근원적 해결"을 기다리는 이른바 '전략적 인내(Strategic Patience)' 쪽으로 가닥을 잡아가고 있는 것으로 보인다.

이 같은 변화에 대한 한미동맹의 대응은 우선 역할의 확대다. 한미 양국은 구조조정을 통하여 새로워지는 한미동맹이 더 이상 1954년의 **'한미상호방위조약'**이 요구하는 북한으로부터의 침략에 대응하기 위한 전수방어 동맹이 아니라고 선언했다. 한미 양국은 2009년의 '미래비전'과 2013년의 '공동선언'에서 구조조정 이후의 한미동맹이 "공동의 가치와 상호 신뢰의 토대 위에서 형성되는 쌍무적(Bilateral), 지역적(Regional) 및 세계적(Global) 차원의 포괄적 전략동맹이 될 것"

이라고 선언했다. 한미동맹의 역할이 비단 한반도의 남북관계의 차원뿐 아니라 전 세계적인 차원으로 확장될 것임을 천명한 것이다.

2013년의 '공동선언'은 "한미 양국의 평화와 번영은 지역적 그리고 범세계적 안보 및 경제발전과 불가분의 관계로 연계되어 있다."면서 "한미동맹은 글로벌 파트너십으로 거듭나고 있다."고 선언하고 "세계무대에서의 대한민국의 리더십과 적극적인 참여를 환영한다."는 미국의 입장을 명시했다. '공동선언'은 한미 양국이 "기후변화 등 범세계적 도전에 대한 대응 노력과 청정에너지 개발, 에너지 안보, 인권, 인도적 지원, 개발지원 협력, 테러리즘, 원자력의 평화적 이용, 원자력의 안전, 비확산, 사이버 안보 및 해적 퇴치 등에서의 협력 증진 노력도 강화시킬 것"이라고 다짐했다. 요컨대 앞으로 한미동맹의 틀 안에서 한미 양국은 비단 한반도의 안보에 한정되지 않고 범세계적인 안보와 평화 현안들에 대해서도 적극적이고 능동적인 협력을 강화해 나가겠다는 의지를 확고하게 천명한 것이다.

한미 양국은 한미동맹의 테두리 안에서 북한으로부터의 침략으로부터 대한민국을 방위하는 문제에 관하여 한미 양국군의 역할이 변화할 것임을 밝혔다. 한미 양국은 2009년의 '미래 비전'과 2013년의 '공동선언'에서 앞으로 북한의 위협으로부터의 한국의 방위를 위한 한미 연합작전은 "한국군이 주도"하고 "미군이 지원"하는 형태로 이루어지게 될 것임을 분명히 했다. 한미 양국은 한미 안보동맹이 "아시아·태평양 지역의 평화와 안정의 관건(關鍵, Linchpin)"이라고 선언하고 양국은 "21세기 새로운 안보 도전에 대응할 수 있도록 동맹을 계속 강화할 것"이라고 다짐했다. 이를 위해 미국은 "확장형 억지 (Extended Deterrence)[149]와 재래식 및 핵전력(核戰力)을 포함하는 모든 범주의 군사적 능력의 사용을 포함하여 대한(對韓) 방위 공약을 확고하게 재확인"했다.

한미 양국은 또한 "한반도의 공고한 평화를 구축하고 자유민주주의와 시장경제 원칙에 입각한 평화통일에 이르도록 함으로써 한반도의 모든 사람들을 위한 보다 나은 미래를 건설해 나갈 것"을 다짐했다. 이로써 한미 안보동맹의 성격은 당초 1954년의 **'한미상호방위조약'**을 통하여 미국의 역할을 "대한민국에 대한 외침에 대한 공동 대응"으로 한정했던 방어적 성격을 벗어나서 대한민국의 주도로 이루어지는 자유민주주의와 시장경제에 바탕을 둔 평화통일을 적극 추구하는데 한미 양국의 공동노력을 다짐하는 공세적 성격으로 변신하고 있음을 분명히 했다.

이 같은 한미동맹의 구조조정의 일환으로 한미 양국은 주한미군의 규모를 2009년의 수준으로 동결하고 북한의 무력도발에 대하여 '확장형 억지' 개념에 입각하여 대응하는 한편 북한을 포함한 핵보유국들의 '대량살상무기(WMD)' 사용 위협에 대응하기 위하여 미군이 새로이 개발하고 있는 '맞춤형 억지(Tailored Deterrence)' 전략을 한반도에 적용하는 연구를 시작했고,[150] 미국은 '미사일기술통제체제(MTCR)'을 수정하여 한국이 개발하는 미사일의 사정거리와 탄두 중량을 각기 300킬로미터에서 800킬로미터, 500킬로그램에서 1,000킬로그램으로 늘리는 데 동의했다.[151]

한국은 1990년대부터 유엔의 국제평화유지 활동에의 참여를 계속 확대하는 가운데 이라크와 아프가니스탄에서는 한미동맹의 차원에서 상당한 규모의 파병을 실시함으로써 한미동맹의 주연(周延)을 확대시키는 데 적극적으로 기여해 왔다. 한미 양국 간에는 한국군 '전시 작전통제권' 이양이 실현될 때까지 한미연합사령부를 서울 용산 기지에,[152] 그리고 경기도 동두천에 있는 미 제2사단 예하 '210화력여단'을 한강 이북에[153] 각기 계속 잔류시킴으로써 주한미군의 '인계철선' 기능을 부분적으로 유지하는 방향으로 미군기지 이전계획의 일부 수정이 추진되고 있다.

2장
한미동맹 구조조정은 아직 진행형
─완료형이 아니다

한미 안보동맹의 이 같은 구조조정은 아직 현재 진행형이지 완료형이 아니다. 구조조정이 진행되는 과정에서 한미 양국이 직면해서 해결해야 할 과제가 만만치 않은 것이 사실이다. 한미관계는 최근 수년 사이에 비자면제협정(2008), 한미자유무역협정(FTA, 2012) 체결과 학생을 포함한 인적 교류의 확대 등 상당한 상황 개선이 이루어졌지만 '원자력' 문제에 관한 협력, 주한미군 유지비에 대한 부담 비율 조정, 주한미군 기지 이전의 속도와 규모 및 한국군에 대한 전시 작전 통제권 전환 문제 등을 미래형 현안으로 남겨 두고 있다.

한미 안보동맹은 앞으로 급격하게 변화하는 국제정세에 대응하면서 생존성(生存性)을 입증해야 하는 보다 근원적인 도전에 직면하고 있다. 특히 최근 급속도로 부상하는 중국의 국력과 국제적 지위 상승 및 변화하는 북한-중국 간의 전통적 관계를 배경으로 하여 '전략적 협력 동반자 관계'를 새로이 구축하고 있는 한중관계[154]와 기존 한미 안보동맹 사이의 관계를 어떻게 '순기능'의 관계로 정립해 나가야 할 것이냐는 문제를 제기한다. 이는 바로 대한민국 내일의 평화와 안전뿐 아니라 생존 그 자체를 좌우할 세기적 선택의 과제로 부상하고 있다.

게다가 한미 안보동맹의 틀 속에서 한일관계의 향배가 대한민국에게 심각한 선택의 과제로 등장하고 있다. 특히 한일관계는 한편으로는 역사인식과 관련하여 중국과의 제휴가 불가피해 지고 있는 반면 다른 한편으로는 북한의 핵문제에 대처하는 과정에서 미국·일본과의 강력한 협조체제 구축이 요구될 뿐 아니라 미국과 일본이 협력하여 구축하고 있는 중국 견제 공조체제에 대해서도 한국의 입장을 정해야 하는 삼중고(三重苦)의 고민을 대한민국에 강요하고 있는 것이 엄중한 현실이다.

이와 함께 한미 안보동맹의 차원에서 대한민국의 발등에 떨어져 있는 급한 불이 있다. 그것은 1998년부터 2008년까지 10년간 계속되었던 '좌파' 정권의 유산(遺産)으로 대한민국 사회, 특히 젊은 세대 사이에 만연되고 있는 미국에 대한 비판적·부정적 사고와 이로 인한 남남갈등(南南葛藤) 현상이다. 대한민국에서의 반미 감정은 특히 1980년의 '광주항쟁' 때의 미국의 역할에 대한 시민사회의 오해로 인하여 증폭되었지만 그보다는 그후 1998년부터 2008년까지 좌파 정권을 겪는 과정에서 초·중·고등학교 교단(教壇)을 장악한 '종북(從北)' 성향의 '전국교직원노동조합(전교조)' 소속 교사들의 영향으로 많은 청소년들이 한미관계를 포함하여 한국 현대사의 전반적 흐름에 대하여 왜곡된 인식을 소지하고 있게 된 데 큰 원인이 있다.

2014년 연말에 이루어진 헌법재판소의 '통합진보당' 해산 판결로 대한민국 내에서는 '종북' 세력의 준동(蠢動)에 제동이 걸릴 수 있는 중요한 전환점이 마련되었다. 그러나 그동안 60년의 시간이 경과하는 과정에서 적지 않은 시행착오에도 불구하고 대한민국의 안보를 지켜주었을 뿐 아니라 대한민국의 오늘날의 번영과 자유 및 풍요를 가져다 준 경제발전과 정치적 민주화를 담보해 준 한미 안보동맹의 발전적 미래를 위해서는 나라의 역사 가운데 특히 현대사에 관한 인식과 이해를 체험이 아니라 전문(傳聞)에 의존해야 하는 지적 형성기의 젊은 세대들을 각급 학교의 교육 현장을 장악, 지배하고 있는 '전교조' 소속 '종북' 성향 교사들로부터 해방시키기 위한 교육 프로그램이 시급하게 마련되어야 할 필요성이 제기되고 있다.

한미동맹 60년의 역사의 과거를 돌이켜 보고 미래를 조망해 보는 시점에서 한미관계의 여명(黎明) 때를 체험했던 세대의 많은 사람들이 지금도 간직하고 있는 놀라운 추억의 소재가 있다. 그것은 1945년 해방과 분단 직후부터 1948년 대한민국 건국까지의 이른바 '해방공간' 시기 많은 사람들의 입에 회자(膾炙)되었던 운문체의 4행시다. 그 내용은 이렇다.

미국사람 믿지 마라.
소련에게 속지 마라.
일본 놈들 일어난다.
조선 사람 조심해라.

이 운문시에 중국에 대한 언급이 어째서 누락되었는지는 지금 생각해도 기이한 느낌을 주는 부분이다. 그러나 그로부터 70개의 성상(星霜)을 보낸 뒤인 지금에 와서 새삼스럽게 느껴지는 소회(所懷)는 이 운문시가 가지고 있는 예언적(豫言的) 함의(含意)에 대한 신기한 느낌이다. 한반도에 사는 한국인들의 역사적 숙명을 예시한 것이 아니냐는 섬함을 느끼게 한다. 왜냐하면 1945년 이후 남북분단의 상황 속에서 한반도의 역사가 걸어 온 과정은 신통할 정도로 문제의 운문시 4행의 구도(構圖) 속에서 전개되어 왔다는 사실을 보여 주기 때문이다.

주석

1 Whelan,Richard, *Drawing the Line: The Korean War, 1950~1953*, Boston: Little, Brown and Company, 1990, p.153.

2 Halberstam, David, *The Coldest Winter: America and the Korean War*, New York: Hyperion, 2007, p.4.

3 "U.S. and World Population Clock"(http://www.census.gov/popclock/), U.S. Census Bureau. Retrieved November 20, 2014

4 "Ancestry 2000"(http://www.census.gov/prod/2004pubs/c2kbr-35.pdf), U.S. Census Bureau, June 2004. Retrieved June 13, 2007.

5 "Population by Selected Ancestry Group and Region: 2009"(http://www.census.gov/compendia/statab/2012/tables/12s0052.pdf).

Retrieved August 5, 2014.

6 Billington, Ray Allen & Ridge, Martin, "Westward Expansion: A History of the American Frontier"(http://books.google.com/books?id=YoV-k7VcyZ0C&pg=PA22), UNM Press, 2001, p.22. ISBN 978-0-8263-1981-4.

7 "Louisiana Purchase"(http://www.nps.gov/archive/jeff/lewisclark2/circa1804 /heritage/louisianapurchase), National Park Services. Retrieved March 1, 2011.

8 Klose, Nelson & Jones, Robert F., "United States History to 1877"(http://books.google.clom/books?id=r4pXwnFs2HMC&pg=PA150), Barron's Educational Series, 1994, p.150. ISBN 978-0-8120-1834-9.

9 Morrison, Michael A., "Slavery and the American West: The Eclipse of Manifest Destiny and the Coming of the Civil War"

(http://books.google.com/books?
id=YTaxzM1kVEMC&pg=PA13),
University of North Carolina
Press, pp.13~21. ISBN 978-0-
8078-4796-1.

10 Kemp, Roger L., "Documents
of American Democracy:
A Collection of Essential
Works"(http://books.google.
com/books?id=JHawgM-
Wn1UC&pg=PA180), McFarland,
p.180. ISBN 978-0-7864-4210-2.

11 McIlwraith, Thomas F. & Muller,
Edward K., "North America:
The Historical Geography of a
Changing Continent"(http://
books.google.com/books?id=
8NS0OTXRITMC&pg=PA61),
Rowman & Littlefield, p.61. ISBN
978-0-520-21771-3.

12 "Monroe Doctrine-Facts &
Summary-HISTORY.com"
(http://www.history.com/topics/
monroe-doctrine).

13 McDuffie, Jerome, Pggrem, Gary

Wayne, Woodworth, Steven E.,
U.S. History Super Review,
Piscataway, 2005, NJ: Research
& Education Association, p.418.
ISBN 0-7386-0070-9.

14 "Atlantic Charter"(http://
americanhistory.about.com/od/
worldwarii/a/atlantic_charte.htm).

15 "Declaration by United Nations"
(http://www.un.org/en/aboutun/
history/declaration.shtml).

16 "World Economic Outlook
Database: United States"(http;//
imf.org/external/pubs/ft/
weo/2014/02/weodata/index.
aspx), International Monetary
Fund, October 2014. Retrieved
November 2, 2014.

17 (Amadeo, Kimberly, May 2,
2014)"World's Largest Economy"
(http://useconomy.about.com/od/
grossdomesticproducts/p/largest_
economy.About). Retrieved June
14, 2014.

18 "The 15 Countries with the

Highest Military Expenditure in 2011"(http://www.sipri.org/research/armaments/milex/resultoutput/15majorsp enders), Stockholm International Peace Research Institute. Retrieved February 4, 2013.

19 같은 곳.

20 "Fiscal Year 2013 Historical Tables" (http://www.whitehouse.gov/sites/default/files/omb/budget/fy2013/assets/hist), Budget of the U.S. Government, White House OMB. Retrieved November 24, 2012.

21 "A Brief History of the U.S.-Korea Relations Prior to 1945"(http://www.freerepublic.com/focus/f-news/943949/posts), A Paper Presented by Kim Young-Sik, Ph. D., at the University of Oregon, Sponsored by Meet Korea in Eugene, May 15, 2003, pp.5~8.

22 같은 글, p.7.

23 같은 글, pp.11~12.

24 같은 글, p.11.

25 같은 글, pp.12~13.

26 같은 글, 13~14.

27 같은 글, pp.14~17.

28 같은 글, p.15.

29 "William McEntyre Dye"(http://en.wikipedia.org/wiki/William_McEntyre_Dye; http://civilwar.wikia.com/wiki/William_McEntyre_Dye).

30 "A Brief History of the U.S.-Korea Relations Prior to 1945," p.18.

31 "Taft-Katsura Secret Agreement" (http://en.wikipedia.org/wiki/Taft%E2%80%93Katsura_Secret_Agreement); "The 1905 Secret Taft-Katsura Agreement: America's Betrayal of Korea"(http://www.oocities.org/mlovmo/temp25.html); "A Brief History of the U.S.-Korea Relations Prior to 1945," pp.21~22.

32 "A Brief History of the U.S.-Korea Relations Prior to 1945," p.22.

33 같은 글, pp.23~24.

34 (한국현대사연구소)"한국 독립에 이승만의 외교노선은 어떤 기여를 하였는가: 이승 만에 관한 오해와 진실"(http://blog.naver.com/PostView.nhn?blogId=hy25nzin&logNo=110177813049).

35 Dept. of State, Foreign Relations of the United States, "The Conference at Cairo and Tehran, 1943," Dept. of State Publication 7187, Washington, 1961, P.448.

36 "Korea, Case History of a Pawn" (http://www.history.army.milbooks/PD-C-01.HTM), p.7.

37 Working Paper No. 8: "Soviet Aims in Korea and the Origins of the Korean War, 1945~1950: New Evidence from Russian Archives," Kathryn Weathersby, Florida University, Cold War International History Project, Woodrow Wilson Internationaql Center for Scholars, Washington, D.C., November 1993, pp.9~13.

38 "Korea, Case History of a Pawn,"
pp.8~12.

39 "Soviet Aims in Korea and the Origins of the Korean War, 1945~1950," pp.22~31.

40 "United Nations General Assembly Resolution 112"(http://en.wikisource.org/wiki/United_Nations_General_Assembly_Resolution_112).

41 195(III), "The problem of the independence of Korea,"December 12, 1948, Resolutions Adopted by the General Assembly During its Third Session, p.25.

42 문제의 구소련 측 자료의 내용에 관해서는 Katherine Weathersby(Florida State University)의 Working Paper No.8: "Soviet Aims in Korea and the Origins of the Korean War, 1945~1950: New Evidence from Russian Archives(Cold War International History Project, Woodrow Wilson International Center for Scholars, Washington,

D.C.; November 1993) 참조.

43 김점곤, 『한국동란』, 한국홍보협회, 1973, pp.175~179.

44 『김일성 저작선집』, 평양: 조선노동당출판사, 1967, p.114.

45 U.S. Dept. of State, *North Korea: A Case Study in the Techniques of Takeover, Washington*, D.C.; U.S. Gov't Printing Office, 1961, p.117; Griffith, Samuel B., *The Chinese People's Liberation Army*, New York: McGraw-Hill Book Company, 1967, pp.346~348.

46 Rad, No. 683, State Dept., Seoul, to Secy. of State, 11 May 50. (2) Appleman, "South to the Naktong, North to the Yalu," p.11.

47 같은 곳.

48 The New York Times, May 6,1949.

49 Kallinov, Kyril, "How Russians Built North Korea Army," *The Reporter*, Sept. 26, 1950, p.4.

50 Weathersby, Kathryn, "Korea, 1949~1950: To Attack or not to Attack? Stalin, Kim Il Sung, and the Prelude to War," *CWIHP Bulletin*, Issue 5, Spring 1995, p.2; 외무부, 「한국전 문서요약: 1949. 1~1953. 8」, 1994.

51 "The Korean War, The Outbreak, 27 June~September 1950"(http://www.history.army.mil/brochures/KW-Outbreak/outbreak.htm), p.7.

52 같은 글, pp.6~7.

53 F. Schnabel, James, "UNITED STATES ARMY IN THE KOREAN WAR; POLICY AND DIRECTION: THE FIRST YEAR," CENTER OF MILITARY HISTORY UNITED STATES ARMY WASHINGTON, D. C., 1992, Library of Congress Catalog Card Number: 70-6O9930. ISBN 0-16-035955-4, pp.34~36(http://www.history.army.mil/books/P&D.HTM).

54 Weathersby, Kathryn, "Korea, 1949~1950: To Attack or not to

Attack? Stalin, Kim Il Sung, and the Prelude to War," p.4.

55 Weathersby, Kathryn, 같은 글, p.3; 외무부, 「한국전 문서요약」, p.21; 관련 영문번역 지시전문은 *CWIHP Bulletin*, Issue 5, p.9 참조.

56 Weathersby, Kathryn, "New Russian Documents on the Korean War: Introduction and Translation," *CWIHP Bulletin*, Issues 6-7, Winter 1995~1996, p.30; 외무부, 「한국전 문서요약」, p.22; 관련 영문번역 전문(문서2)은 *CWIHP Bulletin*, Issues 6-7, p.36 참조.

57 관련 영문번역 전문(문서 6 및 8)은 *CWIHP Bulletin*, Issues 6-7, p.37 참조.

58 관련 영문번역 전문(문서 4)은 *CWIHP Bulletin*, Issues 6-7. p.37 참조.

59 관련 영문번역 전문 CWIHP Bulletin, Issue 4, Fall 1994, pp.60~61 참조.

60 송종환, 「공산권 자료로 본 6.25 전쟁 재평가: 러시아 측이 공개한 비밀문서를 중심으로」(제18회 자유민주연구학회 주최 6.25 60주년 기념 세미나 발제문), 2010, pp.9~12.

61 "Korean War"(http://en.wikipedia.org/wiki/Korean_War).

62 "EXCERPTS FROM ACHESON'S SPEECH TO THE NATIONAL PRESS CLUB, JANUARY 12, 1950" (http://www.freerepublic.com/focus/f-news/1319331/posts).

63 김점곤, 『한국동란』, p.205.

64 같은 책, p.206.

65 국방부전사편찬위원회, 『한국전쟁사』 1권, 1967, p.767.

66 "The Birth of the Cold War: June 25, 1950"(http://www.leftjustified.com/the-birth-of-the-cold-war); Graebner, Norman A. & Trani, Eugene, P., *The Age of Global Power: The United States Since 1939, V3641, 1979*, New York: John Wiley & Sons.,

Truman, Harry S., Ferrell, Robert H., *The Autobiography of Harry S. Truman*, 1980, Boulder: University Press of Colorado. ISBN 0-87081-090-1.

67 Malkasian, Carter, The Korean War, 1950~1953, Essential Histories, London/Chicago: Fitzroy Dearborn, 2001, p.16. ISBN 1-57958-364-4.

68 Stokesbury, James L., *A Short History of the Korean War*, New York: Harper Perennial, 1990, p.48. ISBN 0-688-09513-5.

69 Stokesbury, 1990, pp.79~94.

70 "Korea-Downfall of Our Greatest General: Part 8, Home by Christmas"(http://www.b-29s-over-korea.com/General_MacArthur/General_MacArthur08.html).

71 Barnouin, Barbara & Yu, Changgeng, *Zhou Enlai: A Political Life, Hong Kong*: Chinese University Press, 2006, pp.147~148. ISBN 962-996-280-2.

72 "Dunkirk Evacuation"(http://en.wikipedia.org/wiki/Dunkirk_evacuation).

73 "THE GREATEST RESCUE OPERATION BY A SINGLE SHIP IN THE HISTORY OF MANKIND, S.S. MEREDITH VICTORY"(http://www.moore-mccormack.com/Cargo-Liners/Meredith-Victory-1.htm); Resolution 498(V), "Intervention of the Central People's Government of People's Republic of China in Korea," United Nations, 1951-02-01.

74 Resolution 498(V), "Intervention of the Central People's Government of People's Republic of China in Korea," United Nations, 1951-02-01.

75 "UNITED STATES ARMY IN THE KOREAN WAR: POLICY AND DIRECTION:

THE FIRST YEAR," Library of Congress Catalog Card Number: 70-6O9930, First Printed 1972, pp.315~326. ISBN 0-16-035955-4. CMH Pub 20-1-1.

76 Barnouin & Yu, 2006, pp.148~149.

77 Hermes, Walter G., "United States Army in the Korean War: Truce Tent and Fighting Front," *CENTER OF MILITARY HISTORY UNITED STATES ARMY*, WASHINGTON, D. C., Library of Congress Catalog Card Number: 66-60002, Chapter 2, The Initial Negotiations, 1992, pp.16~35.

78 (This Day in History, March 5. 1953)"Joseph Stalin Dies"(http://www.history.com/this-day-in-history/joseph-stalin-dies).

79 Hermes, Walter G., United States Army in the Korean War: Truce Tent and Fighting Front, Part VII, Prisoners of War, Part VI, The Package Proposal.

80 같은 곳.

81 Hermes, Walter G., *United States Army in the Korean War*: Truce Tent and Fighting Front, Part XX, Leader of the Opposition, Friend or Foe? The Pacification of Rhee.

82 (국방부군사편찬연구소, 정보자료실〉6.25전쟁〉6.25전쟁통계)"6.25전쟁 인명피해 현황"(http://web.archive.org/web/20130424201937; http://www.imhc.mil.kr/imhcroot/data/korea_view.jsp?seq=4&page=1).

83 Rhem, Kathleen T., *Defense.gov News Article: Korean War Death Stats Highlight Modern DoD Safety Record*, defense.gov. US Department of Defense, 8 June 2000. Retrieved 22 December 2011.

84 Hickey, Michael, *The Korean War: An Overview*. Retrieved 31 December 2011.

85 Xu, Yan, "Korean War: In the View of Cost-effectiveness," *Consulate General of the People's Republic of China in New York*, 29 July 2003. Retrieved 12 August 2007.

86 같은 곳.

87 같은 곳.

88 같은 곳.

89 Dingman, R., "Atomic Diplomacy during the Korean War," International Security 13 (3), 1988~1989, pp.50~91. doi:10.2307/2538736. JSTOR 2538736.

90 Schnabel, James F., "United States Army in the Korean War: Policy And Direction: The First Year," *United States Army Center of Military History*, 1992(1972), pp.155~192, 212, 283~284, 288~289, 304. ISBN 0-16-035955-4. CMH Pub 20-1-1.

91 Dingman, R., 1988~1989.

92 Schnabel, James F., 1992(1972).

93 Dingman, R., 1988~1989.

94 같은 글.

95 "A history of U.S. Nuclear Weapons in South Korea"(http://www.nukestrat.com/korea/koreahistory.htm).

96 같은 곳.

97 같은 곳.

98 같은 곳.

99 같은 곳.

100 같은 곳.

101 같은 곳.

102 같은 곳.

103 같은 곳.

104 Rummel, Rudolph J., "Statistics of Democide: Genocide and Murder Since 1900, 1997, Chapter 10, Statistics Of North Korean Democide Estimates, Calculations, And Sources. ISBN 978-3-8258-4010-5.

105 Hanley, Charles J. & Mendoza, Martha, "U.S. Policy Was to Shoot Korean Refugees," *The Washington Post*, Associated Press, 29 May 2006. Retrieved 25

December 2011.

106 Lakshmanan, Indira A. R., Hill 303 Massacre, 1999. Retrieved 25 December 2011; Van Zandt & James, E., "You are about to die a horrible death," *V Magazine*, February 2003. Retrieved 25 December 2011.

107 Lech, Raymond B., Broken Soldiers, Chicago: University of Illinois Press, 2000, pp.2, 73. ISBN 0-252-02541-5.

108 Republic of Korea Ministry of Unification, "Initiatives on South Korean."

109 "Prisoners of War and Abductees"(http://eng.unikorea. go.kr/CmsWeb/viewPage. req?idx=PG0000000581 #nohref.

110 KOREA: The End of 13D, *TIME Magazine*, 1 July 1957. Archived from the original on 2011-10-19. Retrieved 4 April 2012.

111 Resolution 3390. United Nations General Assembly, 18 November

1975. Retrieved 12 April 2013.

112 Norton, Patrick M., *Ending the Korean Armistice Agreement*: The Legal Issues, Nautilus Institute, March 1997. Retrieved 21 March 2013.

113 "Neutral Nations Supervisory Commission"(http://www. quickiwiki.com/en/Neutral_ Nations_Supervisory_ Commission);『군사정전위원회 편람』제2집, 국방정보본부,, 1993, pp.451~453.

114 같은 책, pp.236~383

115 같은 책, pp.451~453

116 「군사정전위원회 본회의 회의록 분석」(대외비), 국토통일원조사연 구실, 1980, pp.316~319;『군사정 전위원회 편람』제2집, p.486.

117 "North Nullifies 1953 Armistice" (http://www.outsidethebeltway. com/north-korea-nullifies-1953- armistice/).

118 『조선일보』2014년 3월 27일자, 「北, 유엔에 '한반도 핵전쟁 일촉즉

발 상황' 통보」.

119 『조선일보』 2014년 3월 30일자, 「이 시각부터 남북관계는 전시상황에 돌입」.

120 아웅산 폭파사건으로 생명을 잃은 전두환 대통령 수행원들은 서석준(부총리 겸 경제 기획원 장관), 이범석(외무부 장관), 김동휘(상공부 장관), 서상철(동력자원부 장관), 함병춘(대통령 비서실장), 이계철(미얀마 주재 대한민국 대사), 김재익(대통령 경제수석 비서관), 하동선(해외협력위원회 기획단장), 이기욱(재무부 차관), 강인희(농림수산부 차관), 김용한(과학기술처 차관), 심상우(민주정의당 총재 비서실장), 민병석(대통령 주치의), 이재관(청와대 공보비서관), 한경희(대통령 경호실 경호관), 정태진(대통령 경호실 경호관), 이중현(『동아일보』 사진기자) 등이었다. 자세한 내용은 "아웅산 묘역 테러사건"(http://ko.wikipedia.org/wiki/%EC%95%84%EC%9B%85_%EC%82%B0_%EB%AC%98%EC%97% AD_%ED%85%8C%EB%9F%AC_%EC%82%AC%EA%B1%B4) 참조.

121 Rummel, Rudolph J., *Statistics of Democide: Genocide and Murder Since 1900*, 1997, Chapter 10, Statistics Of North Korean Democide Estimates, Calculations, And Sources." ISBN 978-3-8258-4010-5.

122 Spoorenberg, Thomas & Schwekendiek, Daniel, "Demographic Changes in North Korea: 1993?2008," Population and Development Review 38(1), pp.133~158.

123 The unpalatable appetites of Kim Jong-il, 8 October 2011. Retrieved 8 October 2011.

124 (한국은행) "남북한의 주요 경제지표 비교: 2013"(http://www.bok.or.kr/broadcast.action?menuNaviId=2236)

125 The New York Times, June 9, 2013, "Obama and Xi Try to

Avoid a Cold War Mentality."

126 "Mutual Defense Treaty Between the United States and the Republic of Korea; October 1, 1953(1)" (http://avalon.law.yale.edu/20th_century/kor001.asp).

127 "Wolfowitz: 'Tripwire' role played by some Korea units 'counterproductive'"(http://www.stripes.com/news/wolfowitz-tripwire-role-played-by-some-korea-units-counterproductive-1.20125).

128 "브라운 각서(1966)"(http://blog.naver.com/PostView.nhn?blogId=gyuraeman&logNo=110018127454).

129 "Vietnamization"(http://en.wikipedia.org/wiki/Vietnamization).

130 "Detente"(http://en.wikipedia.org/wiki/D%C3%A9tente).

131 "The Beijing-Washington Back-Channel and Kissinger's Secret Visit to China"(http://www2.gwu.edu/~nsarchiv/NSAEBB/NSAEBB66/).

132 "1972 Nixon Visit to China" (http://en.wikipedia.org/wiki/1972_Nixon_visit_to_China).

133 "共同聲明書(第21次韓·美年例安保協議會議)"(http://www.mnd.go.kr/user/boardList.action?command=view&page=2&boardId =I_43915&boardSeq=o_1130000000179&titleId=null&id=mnd_010604010000).

134 "Mutual Defense Treaty Between the United States and the Republic of Korea; October 1, 1953" (http://avalon.law.yale.edu/20th_century/kor001.asp).

135 "OPLAN 5027 Major Theater War-West"(http://www.godlikeproductions.com/forum1/message1091536/pg1).

136 같은 곳.

137 (CSIS)"U.S. Force Posture Strategy in the Asia Pacific Region:

An Independent Assessment"
(http://csis.org/publication/
pacom-force-posture-review).

138 "'Strategic Flexibility' Aims for
Strengthening U.S. Military
Presence in Asia: Foreign Ministry"
(http://www1.korea-np.co.jp/
pk/226th_issue/2006022817.
htm).

139 『조선일보』 2004년 2월 14일자 종
합 A5면, 「북한문제 국제 심포지엄
제3주제 '한국과 주변국의 역할'」.

140 『조선일보』 2004년 2월 14일자 1
면, 「韓·美동맹 악화는 또 하나의
위기」.

141 『조선일보』 2004년 6월 4일자 4면,
「페리 前 美국방장관 인터뷰」.

142 같은 글.

143 『조선일보』 2006년 8월 10일자 종
합A 1면, 「작통권 지금이라도 행사
가능 美 하자는 대로 '예예' 해야 하
나」.

144 "한미 정상회담 공동비전 전
문"(http://blog.naver.com/
PostView.nhn?blogId=dan11&log

No=30050499297).

145 "朴대통령-오바마 한·미 정상회
담, 전작권 전환시기 재검토, '北 도
발 단호대처'"(http://blog.daum.
net/shbaik6850/16549913).

146 "제46차 한미안보협의회의(SCM)
공동성명(2014. 10. 23, 워싱턴)"
(http://www.mnd.go.kr/user/
boardList.action?command=view
&page=1&boardId=I_43915).

147 같은 곳.

148 U.S. Congressional Research
Service Report, "U.S.-South
Korea Relations," June 24,
2014(Congressional Research
Service 7-5700, www.crs.gov,
R41481), "Summary".

149 Anderson Justin V. and Larsen
Jeffrey A. with Holdorf, Polly
M., "Extended Deterrence and
Allied Assurance: Key Concepts
and Current Challenges for U.S.
Policy," *INSS Occasional Paper 69*,
September 2013, USAF Institute
for National Security Studies